RELIGION -

Friedens- oder Brandstifter?

Gedanken

zur Zukunft der christlichen

Religionen

Erwin Roth

© 2020 Erwin Roth

Verlag und Druck: tredition GmbH, Halenreie 40-44,
22359 Hamburg

Umschlaggestaltung: tredition GmbH, Hamburg

ISBN Paperback: 978-3-7497-6743-4
ISBN Hardcover: 978-3-7497-6744-1
ISBN E-Book: 978-3-7497-6745-8

Bibliografische Information der Deutschen Nationalbibliothek:
Die Deutsche Nationalbibliothek verzeichnet diese Publika-
tion in der Deutschen Nationalbibliografie; detaillierte bibliografische Daten sind im Internet über http://dnb.d-nb.de
abrufbar.

„Der religiöse Glaube kann eine grosse, ja wunderbare Macht sein, die den Einzelnen für sein ganzes Leben prägen kann, die ihm im Leben und Sterben Kraft und Sinn geben kann. Aber Glaube und Religion können auch missbraucht werden als Motivation für im Grunde ausserreligiöse Intentionen und politische Ziele."

Frank Walter Steinmeier, deutscher Bundespräsident

10. Weltversammlung von „Religions for Peace",

Lindau, 20. August 2019

Inhaltsverzeichnis

Vorwort..6

1 Warum lässt Gott das zu? 8

2 Die Sache mit dem Lieben Gott.......... 17

3 Die Bibel..................................... 31

   3.1 Das Alte Testament...................... 31

   3.2 Das Neue Testament..................... 42

4 Jesus Christus.............................. 49

5 Literatur..................................... 60

6 Glauben...................................... 68

7 Die Wissenschaft........................... 85

8 Die Welt war noch nie so schlecht
   wie heute..................................... 88

9 Das Gebet................................... 96

10 Die „Schutzmächte"....................... 100

11 Die Seele................................... 103

12 Alternativen 105

  12.1 Religiöse Alternativen 105

  12.2 Nicht-religiöse Alternativen 106

13 Die Kirche 112

14 Schlussbetrachtungen 124

Vorwort

Zahlreiche existentielle Probleme bedrohen zur Zeit unsere Welt. Sie werden heute zwar durch die Corona-Epidemie überschattet, aber sie werden bald wieder in den Vordergrund treten. Das Klima entwickelt sich nicht nur in der Atmosphäre, sondern auch in der Politik in eine Richtung, die wenig Gutes verheisst. Hinter schwelenden und ausgebrochenen Konflikten lauern furchterregende Waffenarsenale, und die Rüstung hat ein Ausmass angenommen, das an Irrsinn grenzt, ein staatlicher Eventualvorsatz zum Massenmord. Anstelle von Respekt und Fairness treten zunehmend Rüpelhaftigkeit, Druck, Drohungen und schliesslich Gewalt. Die Natur wird weiterhin rücksichtslos und eigennützig ausgebeutet. Längst wurde erkannt, dass diese Entwicklung kein gutes Ende nehmen dürfte; dennoch geht sie ungebremst, ja beschleunigt weiter.

Da stellt sich die Frage, welche Rolle die Religionen in der Zukunft spielen könnten oder sollten, um diesen Tendenzen eine Wende zu geben. Ein Rückblick auf die Geschichte zeigt allerdings ein wenig ermutigendes Bild christlichen Wirkens. Glaubenskriege, Intoleranz und Fanatismus überwiegen das zweifellos vorhandene friedensstiftende Potential der christlichen Religion deutlich. Manche Menschen sind daher der Ansicht, Religion gehöre abgeschafft und treten aus den Kirchen aus. Andere wenden sich extremen Sekten zu. Aber ist das richtig? Verdienen die Religionen unter gewissen Voraussetzungen nicht unser Vertrauen und unsere Unterstützung als moralische Kraft auf dem Weg zu einer friedlicheren Welt? Sicher können die

Kirchen nicht allein die grosse Wende herbeiführen, doch ihre mächtigen Strukturen und den bei ihren Gläubigen noch bestehenden Kredit nicht zu nutzen, wäre ein Fehler. Dazu müssten allerdings gewisse religiöse Thesen, Theorien und Praktiken grundlegend hinterfragt und nötigenfalls korrigiert werden. Handlungsbedarf ist gegeben, wenn das schwindende Vertrauen in die Kirchen nicht noch ganz verspielt werden soll.

Die Feststellungen in dieser Schrift sind nicht neu, sondern grösstenteils alt, ja zum Teil uralt. Vielleicht liegt gerade da das Problem. Es ist mir selbstverständlich klar, dass dieses magere Büchlein kaum etwas bewirken oder verändern wird. Es handelt sich lediglich um einen Versuch, etwas mehr Sachlichkeit und Toleranz in diese immerwährende Debatte zu bringen. Auch wenn dabei manches in Frage gestellt wird, soll niemandem sein Glauben genommen werden. Es erscheint mir vor allem wichtig, jeder Religion oder sonstigen Glaubensauffassung mit Respekt gegenüber zu treten.

Dieses Buch wurde vor dem Ausbruch der Corona-Pandemie geschrieben. Haben sich aus dieser neue Erkenntnisse ergeben, die sich auf den Inhalt auswirken? Auf den Inhalt wohl kaum. Hingegen erscheint selbständiges, nüchternes Denken heute noch wichtiger als zuvor, denn die Gefahr ist gross, dass die durch die Krise ausgelöste Verunsicherung ausgenützt wird.

1 Warum lässt Gott das zu?

Ein dauerhaftes friedliches Zusammenleben scheint den Menschen nicht in die Wiege gelegt worden zu sein. Es liegt daher nahe, eine gewisse Hoffnung auf überirdische Mächte, auf Gott und damit auf seine Vermittler, die Religionen zu setzen. Aber warum bleibt diese Hilfe in so vielen Fällen aus? Es gibt doch einen Gott? Warum lässt er denn all das zu? Da lehrt uns doch die Bibel, dass Gott allmächtig ist (z.b. Lukas 1, 37: „...*denn für Gott ist nichts unmöglich.*") und die Menschen liebt. Wenn er wirklich allmächtig wäre, dann stünde es doch in seiner Macht, derartiges von seinen geliebten Menschen abzuwenden, nicht zuzulassen oder zumindest zu mildern? Warum tut er es denn nicht? Gemäss den Psalmen 23, 25, 91, 121 und vielen ähnlichen Aussagen der Bibel brauchen wir nur auf Gott zu vertrauen, und alles kommt gut; er richtet es in jeder Lage. Wir müssen nur stark genug glauben. Soweit die christlichen Religionen.

Und dennoch – es schreit zum Himmel, was sich in Syrien, in Palästina, Mali, Jemen usw. abspielt. Haben diese bedauernswerten Menschen dort vielleicht zum falschen Gott gebetet? Wohl kaum, denn Kriege, Verbrechen und Katastrophen sind – wie die Geschichte lehrt - keine religionsspezifischen Probleme, und auch der Gott, den wir für den „richtigen" halten, ist nicht immer rechtzeitig zur Stelle, wenn er angefordert wird. Er ist nicht eingeschritten, obwohl sicher Tausende darum gebetet haben, als sich zwei Weltkriege anbahnten, die sich weitestgehend unter Christen abspielten und die zum grösseren Teil von so genannt christlichen Ländern angezettelt wurden. Es kam kein „Halt!" am Vorabend von Hiroshima. Die Stimme des Herrn, die sich im Alten Testament bei jeder Gelegenheit zum Wort meldet, schwieg. Doch schon im Jahre 1480 beteten die Einwohner von Otranto bis zuletzt in der Kirche, dass Gott sie vor dem drohenden Türkenangriff bewahren möge. Sie hätten sicher nicht stärker beten und glauben können - vergeblich. Sie glaubten offenbar der Bibel, wo Jesus sagt:

„Wenn euer Glaube auch nur so gross ist wie ein Senfkorn, dann werdet ihr zu dem Berg sagen: Rück von hier nach dort!, und er wird wegrücken. Nichts wird euch unmöglich sein" (Matth. 17, 20).

Oder Psalm 121:

„Ich richte meine Augen auf zu den Bergen. Woher kommt mir Hilfe?"

Dieser Psalm liefert die Antwort gleich mit. Im nächsten Satz heisst es nämlich:

„Meine Hilfe kommt vom Herrn, der Himmel und Erde gemacht hat. Er lässt deinen Fuss nicht wanken; er, der dich behütet, schläft nicht."

Dennoch – die Türken rückten nicht weg, und alle 800 Christen wurden von den Eroberern enthauptet. Dabei hätte Gott ja nur ein ganz klein wenig Sturm aufkommen lassen müssen, und die türkische Flotte hätte Otranto nicht erreicht! Auch Jesus selbst erging es nicht anders. Im Garten Getsemani betet er vor seiner Gefangennahme:

„…Vater, alles ist dir möglich. Nimm diesen Kelch von mir…" (Markus 14, 36).

9

Dennoch nahmen die Dinge ihren bekannten Lauf. Und was ist mit den Abermillionen, die unter unvorstellbaren Schmerzen tagelang verletzt, verstümmelt, schreiend, stöhnend und wimmernd auf den Schlachtfeldern der Weltgeschichte liegen blieben, bis sie der Tod erlöste? „Gefallen", heisst es dann trocken in der Berichterstattung. Was würden wohl die dazu sagen, wenn sie es könnten? Die meisten dieser Unglücklichen dürften den Tag verflucht haben, an welchem sie gezeugt wurden. Wer diese Darstellung für übertrieben hält, möge die *„Erinnerungen an Solferino"* von Henry Dunant lesen. Es ist heute nicht besser. Den Koreakrieg von 1950 - 1953 mit seinen mindestens 4,5 Millionen Toten haben wir weitgehend aus unserem Bewusstsein verdrängt. Im Vietnamkrieg fielen 58'220 US Soldaten. Ihr Durchschnittsalter betrug 19 Jahre. Dieser Krieg kostete zwischen zwei und fünf Millionen Vietnamesen das Leben. Die Verantwortlichen für diese entsetzlichen Verbrechen sassen selbstgerecht und unbehelligt in den Regierungsgebäuden von Moskau, Peking, Hanoi und vor allem in Washington, gingen wahrscheinlich regelmässig zur Kirche und wurden niemals zur Rechenschaft gezogen. Gerechtigkeit Gottes?

Die zur Zeit vertriebenen 65 Millionen Menschen sind gemäss UNHCR die höchste Zahl in der Geschichte der Menschheit, und die Tendenz ist steigend. Das Schlimmste daran ist es, dass mehr als die Hälfte davon Kinder sind. Das sind nur ein paar wenige Beispiele. Unser abgebrühtes Gewissen nimmt tagtäglich solche Informationen mit mässiger Rührung zur Kenntnis, ohne darüber nachzudenken, was für entsetzliche Einzelschicksale sich dahinter verbergen. Man schiebt die Schuld höchstens den Medien zu. Früher war es auch nicht besser, nur wusste man nichts davon. Das stimmt zum Teil, denn unser Wissen beruht in diesen Dingen grösstenteils auf „Infopretationen" unserer Medien. Soll das etwa ein Trost sein oder ein Beweis dafür, dass alles doch nicht so schlimm ist?

Wer heute glaubt, Gott liebe die Menschen, nur weil es so in der Bibel steht und wir hier in Mitteleuropa um das Jahr 2000 gewissermassen auf einer Insel der Glückseligen leben, macht es sich einfach. Er verschliesst die Augen vor der Wirklichkeit. Der Grund kann in nichts wissender Naivität liegen oder in zweckgerichtetem Egoismus – wenn es nicht so schlimm ist, brauche ich ja nicht zu helfen und nichts zu geben, der Herrgott ist ja gerecht, liebt die Menschen und wird es schon richten. Am besten schaut man gar nicht so genau hin; es könnte zu einem Gewissenskonflikt führen. Aber tatsächlich geht es der Mehrheit der Menschheit miserabel. Noch immer verhungert alle fünf Sekunden ein Kind unter zehn Jahren (Jean Ziegler), derweil andernorts Hochzeitsfeste für 50, ja 100 Millionen Dollar gefeiert werden (Tages-Anzeiger 17.12.2018). Für die weltweite Misere findet Jean Ziegler in seinen Büchern starke Worte. In seiner nicht gehaltenen Rede zu den Salzburger Festspielen 2011 wollte er die zu solchem Leiden führenden Missstände in ätzender Konzentration zur Sprache bringen. Er durfte nicht. Dabei hätte es genügt, wenn man ein paar „Direktschüsse" gestrichen hätte. Die Rede ist dann unter dem Titel „Der Aufstand des Gewissens" erschienen und jedermann zur Lektüre empfohlen.

Am Bücherschrank in meinem Büro habe ich das Bild eines sechsjährigen Mädchens aus Bolivien aufgehängt, stellvertretend für Millionen von Kindern in der gleichen Lage. Das Bild ist kürzlich in einer Tageszeitung erschienen. Das kleine Mädchen ist eines von acht Geschwistern. Der Vater ist gelähmt, und die Mutter versucht, die Familie am Leben zu erhalten. Zu diesem Zweck muss das kleine Mädchen den ganzen Tag an einer Strassenecke tanzen. Es sagt der Mutter, es möchte nicht mehr tanzen, aber die Mutter schickt es zurück, denn ohne das Geld kann die Familie nicht leben. Aus dem kleinen Gesichtlein unter dem grossen Indiohut und den traurigen, fragenden Augen schreit das ganze Elend dieser Welt.

Am 16. März 2020 verlor ein sechsjähriges Kind sein Leben bei einem Brand in einem Flüchtlingslager auf der Insel Lesbos....

Die vielen, gut gemeinten Hilfsprojekte sind kaum ein Tropfen auf die heissen Steine. Nichts gegen diese Hilfsprojekte; jeder Franken, der diesen Armen zugute kommt, ist mehr als Gold wert, aber das Bedauerliche ist, dass es trotz dem guten Willen Vieler der Menschheit nicht gelungen ist, Kriege, Unterdrückung, Ausbeutung, Korruption, Hungersnöte, Verbrechen, soziales Elend und viele andere Übel zu beseitigen. Im Gegenteil, die Härte und Grausamkeit, mit der die Kriege geführt werden, nehmen zu. Die Produktion von Waffen und der Handel mit denselben ist zu einem der profitabelsten Geschäfte geworden und aus unserem Wirtschaftssystem kaum mehr wegzudenken, obwohl hinter all dem die Apokalypse des alles vernichtenden Atomkriegs lauert. Und für Waffen haben interessanterweise auch die ärmsten Länder immer Geld... Es ist nicht zu fassen, dass selbst aus dem Elend der Flüchtlinge ein äusserst profitables Geschäft gemacht wird. Für eine Überfahrt über das Mittelmeer auf einem dem Absaufen geweihten Kahn werden einem Flüchtling durchschnittlich 3 – 5000 Dollar abgenommen.

Dann werden so viele Menschen hineingepresst, wie es nur geht, oft bis zu 500 und mehr. Der Kahn mag absaufen, das ist denen egal, Hauptsache, sie haben ihr Geschäft gemacht und wieder eine Million mehr in der Tasche. Die Kasse der Schlepper klingelt, *„und Gott hält sich mäuschenstill….“* (Gottfried Keller, „Der grüne Heinrich“).

Es erstaunt, dass die Menschen in den vom Elend am meisten betroffenen Ländern oft sehr gläubig sind. Aber warum? Einfach deshalb, weil für sie auf dieser Erde keine andere Hoffnung besteht als die auf ein besseres Leben nach dem Tod. Ein solches stellt ihnen die Kirche in Aussicht, wenn sie es auf der Erde abverdienen, schön brav glauben und die kirchlichen Gebote befolgen. Das ist die Ursache ihrer Liebe zu Gott, nicht dessen Fürsorge für sie auf dieser Erde (*„Unsere Heimat ist im Himmel. Von dorther erwarten wir auch Jesus Christus, den Herrn, als Retter, der unseren armseligen Leib verwandeln wird in die Gestalt seines verherrlichten Leibes, in der Kraft, mit der er sich alles unterwerfen kann."* Phil. 3, 30, oder: *„Heute noch wirst du mit mir im Paradies sein."* Lk 23, 43).

Auch in unserem unmittelbaren Umfeld ereignen sich Dinge, die wir nicht verstehen können, in denen sich die Frage „Warum?“ aufdrängt und nicht vertreiben lässt. Warum lässt Gott der Allmächtige zu, dass ein Kind seinen Eltern wegstirbt, dass ein verurteilter Mörder eine junge Frau umbringt? Und warum hilft er denen nicht, die heute im Elend und in der Gosse leben, hoffnungslos? Den Arbeitslosen, die verzweifelt eine Stelle suchen, weil sie Opfer der Globalisierung geworden sind, einer Globalisierung, die es den Mächtigen erlaubt, ungeheure Profite auf den Schultern der Schwachen zu scheffeln und mit ihrem derart erworbenen Reichtum zu prassen und zu bluffen? Was müssen diese Menschen empfinden, wenn von den Plakatsäulen herab „ *Der Herr ist mein Hirte, nichts wird mir fehlen.* " (Psalm 23) verkündet wird? Allen diesen Unglücklichen müssen Sprüche wie dieser oder Psalm 91, 11.12 („*Denn Gott wird seinen Boten gebieten, dich zu behüten auf all deinen Wegen. Auf den Händen werden sie dich tragen, damit dein Fuss nicht an einen Stein stosse.*') als Verhöhnung ihrer Not erklingen. Die deutsche Lyrikerin Gertrud Kolmar, die 1943 in Auschwitz umgebracht wurde, schrieb das ergreifende Gedicht „Das Lager", aus dem ich hier nur die letzte Strophe zitiere:

> „*Nur Angst, nur Schauder in den Mienen,*
> *wenn nachts ein Schuss das Opfer greift…*
> *Und keinem ist der Mann erschienen,*
> *der schweigend mitten unter ihnen*
> *sein kahles Kreuz zur Richtstatt schleift.* "

Allein schon die Gräuel der Naziherrschaft würden ausreichen, um die in der Überschrift zu diesem Kapitel gestellte Frage zu rechtfertigen.

Ist Gott denn willkürlich, gefühllos, mitleidlos, oder sind wir ihm gleichgültig? Gibt es ihn überhaupt? „Würfelt Gott?" haben der Astronom Arnold Benz und der Theologe Samuel Vollenweider ihr gemeinsames Buch betitelt. Oder lässt uns Gott auf diese Weise für unsere Sünden büssen, weil wir so schlecht und verdorben sind? Oder prüft er uns? Aber warum trifft es dann so häufig die Falschen, in den Kriegen beispielsweise die Zivilbevölkerung, vor allem die Kinder, oder die, welche auf den Schlachtfeldern liegen bleiben und in den seltensten Fällen die Verantwortung für die Kriege tragen, deren Opfer sie wurden? Und was kann die junge Frau dafür, dass der Mörder sie grausam umbringt? Wenn das Gottes Strafe ist, wo bleibt da die Gerechtigkeit? *„Gott hält sich mäuschenstill…".* Gott hat die Menschen nicht verlassen. Die Weltgeschichte zeigt, dass er nie da war, zumindest nicht in der Form, wie sie von den christlichen Kirchen gelehrt wird. Der Benediktiner Anselm Grün hat diesen Fragen ein berührendes und ehrliches Buch gewidmet („Womit habe ich das verdient? Die unverständliche Gerechtigkeit Gottes"). Er sieht hinter dem Leiden, das den Menschen trifft, einen - zwar oft nicht sogleich ersichtlichen - Sinn. Damit geht er mehr auf das Einzelschicksal ein. Die allgemeine Welttragik hingegen entzieht sich diesem Verständnis. Wenn massenhaft Kinder verhungern, ist das eine absolut sinnlose, entsetzliche Katastrophe und nichts anderes. Einer der letzten Sätze des Buches von Anselm Grün lautet denn auch: *„Es bleibt bei allen Versuchen, Gott zu verstehen, unser Eingeständnis, dass Gott ganz anders ist und dass er sich nicht nach unserer Theologie richtet…".*

Auch Burkhard Ellegast stellt in seinem Buch „Der Weg des Raben" die Frage:

„Muss es immer Kriege geben und das damit verbundene Blutvergiessen? Ist die Lage aussichtslos? Wiederholt sich das Drama ständig neu?"

Dazu noch ein Zitat aus dem Buch „Was ich glaube" von Hans Küng:

„Aller frommen Apologetik zum Trotz ist nüchtern einzugestehen: Wer als Theologe an diesem Punkt hinter das Geheimnis, welches das Geheimnis Gottes selbst ist, kommen möchte, findet dort bestenfalls seine eigenen

Wunschprojektionen oder sein eigenes theologisches Konstrukt. Angemesse-
ner schiene mir an diesem äussersten Punkt, bei dieser schwierigsten Frage
eine Theologie des Schweigens. "

Bei aller Ehrfurcht – irgend etwas will da nicht mit unserer Vorstellung vom allmächtigen „lieben Gott" übereinstimmen. Auf
seine Hilfe ist kein Verlass. Und wenn es eine gibt, dann ist sie
ungleich, ja ungerecht verteilt. Zwischen seiner Allmacht, seiner
biblischen Liebe und Güte einerseits und den irdischen Tatsachen andererseits klafft ein grosser Widerspruch. Es wäre offensichtlich unzureichend, sich bei der Lösung der anstehenden
grossen Weltprobleme auf die Hilfe Gottes zu verlassen.

2 Die Sache mit dem Lieben Gott

In der „Fachsprache" würde man hier wahrscheinlich von „Theodizee" sprechen. Im Duden lautet die Definition des Begriffs Theodizee wie folgt:

„Rechtfertigung Gottes hinsichtlich des von ihm in der Welt zugelassenen Übels und Bösen, das mit dem Glauben an seine Allmacht, Weisheit und Güte in Einklang zu bringen gesucht wird."

Nach all dem oben Gesagten fragen wir uns: Gibt es vielleicht gar keinen Gott? Ist die Welt mit ihrem ganzen Zubehör auf irgendeine, vielleicht zufällige Weise entstanden? Sind wir an den Zuständen auf der Welt selber schuld? Ja, das könnte so sein; ich könnte das Gegenteil nicht beweisen. Auf der Suche nach Antworten müssen wir vielleicht etwas ausholen.

Der Biochemiker Prof. Dr. Gottfried Schatz legt in einem bemerkenswerten Artikel in der Neuen Zürcher Zeitung vom 20. Dezember 2014 dar, wie das Leben im Rahmen der kosmischen Entwicklungen entstanden sein könnte. Was die Situation vor dem Urknall angeht, schreibt er:

„Vor dem Urknall steht ein Fragezeichen, das sich der Wissenschaft entzieht. Wer in diesem Fragezeichen einen göttlichen Schöpfer sieht, hat das Fragezeichen für sich beantwortet. Mir jedoch genügt das Fragezeichen."

Das ist die Antwort eines Wissenschaftlers, aus welcher Bescheidenheit und Demut vor der Grösse der Natur, des Weltalls und allem damit Zusammenhängenden spricht – und zugleich Respekt vor anderen Ansichten.

Wenn ich in einer klaren Nacht zum Sternenhimmel hinaufschaue und versuche, mir die ungeheuren Dimensionen des Weltalls vorzustellen, sein Werden und sein Vergehen, wenn ich dann an den Mikrokosmos denke bis zu den Teilen eines Atoms hinab, dann will mir die Vorstellung der zufälligen Entstehung des Universums nicht mehr recht einleuchten. Da steckt zu viel „System" dahinter. Die Entstehung des Kosmos, seine Funktionsweise und seine Weiterentwicklung, die „unglaubliche" Formen- und Farbenvielfalt der Lebewesen, ihre Lebensvielfalt, all das sind Dinge, die ich mir nicht als Zufallsprodukte vorstellen kann, denn jedes einzelne dieser Wesen ist ein vollkommen sinnreich konstruiertes, fehlerfreies System, das wiederum in einem Gesamtsystem von höchster Vollkommenheit seinen Platz hat. Zufall funktioniert anders, chaotisch. Deshalb ziehe ich auch die Theorie von Prof. Schatz über das zufällige Entstehen des Lebens in Zweifel, denn dieser Zufall wäre ein ausserordentlich unwahrscheinlicher, weil das Ergebnis ein ausserordentlich komplexes und zugleich perfektes ist. Mit jeder Zunahme der Unwahrscheinlichkeit dieser Zufälligkeit automatisch verbunden ist die Zunahme der Wahrscheinlichkeit, dass es anders, nicht zufällig geschehen sein könnte.

Was für ein ausgeklügeltes System unsere Natur ist, zeigt sich immer dann am deutlichsten, wenn menschliche Eingriffe ein Ungleichgewicht verursachen. Ich komme daher nicht um die Vorstellung einer ungeheuren, unvorstellbaren Macht herum, denn wie könnte es ohne eine solche alles das geben, was es gibt? Ich gebe zu, die „Vorstellung von etwas Unvorstellbarem" ist ein Widerspruch, aber es fällt mir kein passenderer Begriff ein. Solche Widersprüche sind charakteristisch für die Frage, vor der wir stehen.

Nur ein kleiner Nebengedanke: Die Meeresfauna – da gibt es eine dermassen unglaubliche Vielfalt an Formen und Farben, dass ich mich manchmal frage, ob da nicht jemand Freude gehabt haben könnte, eine so vielgestaltige, phantasievolle Welt zu erschaffen? Und dann gibt es einen Fixstern Namens Betelgeuze im Sternbild Orion. Dieser hat einen Durchmesser von etwa einer Milliarde Kilometern, was etwa der 3000fachen Distanz Erde - Mond entspricht oder einem Volumen unseres Sonnensysems von der Sonne bis und mit Jupiter. Als Gegensatz dazu stellen wir uns das Wunder der Schneeflocken vor, von denen jede einzelne ihre eigene Form besitzt. Oder jene lästigen, winzigen Mücken, die im Sommer und Herbst unsere Küchen als unerwünschte Gäste heimsuchen. Obwohl wenig grösser als einen Millimeter, sind sie ein komplexes und vor allem perfektes System, das alle jene Organe enthält, die ihr Mückenleben ermöglichen. Sie können offenbar sehen, nehmen Luftdruck wahr, essen, verdauen, vermehren sich und – können fliegen! Ihr Schöpfer war unsern Wissenschaftlern in Sachen Nanotechnologie schon vor Millionen Jahren weit voraus. Zudem ist es der Natur immer gelungen, die Anforderungen der Funktion in eine perfekte Form zu bringen, ein Anliegen, um das unsere Architekten oft erfolglos ringen. Die lange Zeit, über die hinweg sich dieses Universum entwickelt haben soll, reicht mir nicht als Erklärung. Uns bleibt nur das Staunen.

Aber wie ist diese Perfektion mit den Feststellungen in Kapitel 1 auf einen Nenner zu bringen?

Ich habe nie aufgehört, die Existenz einer göttlichen Allmacht, der alles sein Werden und Vergehen zu verdanken oder – neutraler ausgedrückt - zuzuschreiben hat, für sehr wahrscheinlich zu halten. Ob man sie nun Gott, Manitou, Huitzilipochtli, Jehova oder Allah nennt, erscheint mir nebensächlich. Im frühen Christentum stellte man sich Gott als weisen, älteren Herrn mit weissem Bart vor und hielt diese Vorstellung in vielen Gemälden fest. Und so wie man sein Äusseres vermenschlichte, hat man menschliche Vorstellungen in seine Handlungsweise, seine „Denkweise" hineinprojiziert. Man tut es noch heute; vermutlich können wir nicht anders. Er muss barmherzig sein, muss uns helfen, wenn wir in Not sind, sonst erfüllt er seine - ihm von uns zugedachten - Pflichten nicht (Thürkauf: *„Gottes Treue ist bedingungslos...")*. Und er muss unsere Massstäbe hinsichtlich Gerechtigkeit anwenden, sonst ist er kein gerechter Gott. Die offensichtliche Diskrepanz zwischen der Idealvorstellung dieses gerechten, liebenden Gottes und der Wirklichkeit hat in den christlichen Religionen vermutlich zu Einrichtungen wie Himmel und Hölle, Teufel, Fegefeuer und jüngstes Gericht geführt, denn irgendwie muss das Ganze ja einleuchten, und irgendwann einmal muss Gerechtigkeit geschaffen werden. Das ist eine simple Logik. Doch sie geht nicht auf.

Die Menschen des Altertums haben dieser Tatsache mit der Einrichtung eines von mehreren Göttern mit verschiedenen Zweckbestimmungen bewohnten Himmels Rechnung getragen. Sie konnten sich nicht vorstellen, dass alle diese Gewalten und Systeme in der Hand einer einzigen Gottheit liegen könnten, und teilten sie in Bereiche auf, die sie verschiedenen Göttern zuordneten. So ganz unsinnig war das eigentlich nicht. Die Hindus mit ihren zahlreichen Gottheiten sehen es ähnlich. Ein wenig davon ist auch im Christentum verblieben mit der Institution der Heiligen Dreifaltigkeit, mit der Mutter Maria, Jesus als Sohn Gottes und den vielen Heiligen. Jeder dieser himmlischen Persönlichkeiten werden besondere Eigenschaften und Fähigkeiten zugeschrieben. So zieht man es in gewissen Situationen vor, sich an die liebevolle, milde Mutter Maria statt direkt an den gestrengen Herrn und Richter Gottvater zu wenden.

Angesichts des Sternenhimmels, dieser wohl gewaltigsten Demonstration schöpferischer Allmacht, will es mir scheinen, dass hier andere Kräfte und Dimensionen am Werk waren und noch sind, als ein freundlicher, älterer Herr mit weissem Bart und anderen menschlichen Eigenschaften. Und es fällt mir schwer, zu glauben, dass wir Menschen, einjeder mit seinen ganz besonderen Sorgen und Kümmernissen, im Zentrum dieses unendlichen Universums stehen und darin eine sehr bedeutungsvolle Rolle spielen könnten. Wir können uns nicht vorstellen, wo da ein Zentrum liegt, weder wo dieses Universum anfängt noch wo es aufhört. Ein bisschen verloren kommen wir uns da schon vor. Einstein soll einmal gesagt haben, *„der Raum krümmt sich in sich selbst zurück"*. Also eine Art Schneckenhaus? Für mich ist das wenig hilfreich; das Weltall ist für mein Begriffsvermögen einfach zu gross, viel zu gross. Genau wie der, welcher es geschaffen hat.

Die im Weltall herrschenden kosmischen Gesetze bringen mich auf den Gedanken, dass „Gott" Gesetze und Regeln festgelegt haben könnte, nach denen all das abläuft, was läuft. Wir nennen das „Naturgesetze". Könnte es denn vielleicht sein, dass er

21

nicht nur das festgelegt hat, was wir als Naturgesetze bezeichnen, sondern dass diese weiter reichen, als wir allgemein denken? Dass er Spielregeln für alles festgelegt hat, vom Kosmos bis zum Atomteilchen, aber nicht nur für Physik und Chemie, sondern – vielleicht über dieselben - auch für die Prozesse der Evolution, des Lebens, der Triebe, der Psychologie, schlicht für alles, bis hin zum Tod? Erstaunt stellen wir fest, dass auch im Mikrokosmos, also am andern Ende der Skala, alles nach strengen Gesetzmässigkeiten abläuft. Da gibt es beispielsweise die Hormone, die unsere Vitalität steuern. Und die Gene, die unsern Charakter, unsere Eigenschaften bestimmen. Die Wissenschaft pflegt jeweils zu jubeln, wenn es ihr gelingt, wieder eine dieser Spielregeln aufzudecken und wirtschaftlich nutzbar zu machen. Warum sollen diese Gesetzmässigkeiten und Spielregeln nicht auch für den Teil des Kosmos gelten, in dem wir Menschen uns befinden und aus dem wir bestehen? Das tönt fatalistisch. Aber eigentlich würde die Darwin'sche Evolutionstheorie gar nicht schlecht in diese Vorstellung hineinpassen. Sie umfasst einfach nur einen begrenzten Zeitabschnitt der ganzen Entwicklung. Aus dieser Sicht erhielte sie sozusagen Religionskompatibilität und zugleich einen grösseren Rahmen. Aber Darwin hat diesen Rahmen schon vorausgedacht. Am Schluss seines Werkes schreibt er: *„Es ist doch eine erhabene Idee, dass der Schöpfer den Keim alles Lebens, das uns umgibt, nur wenigen oder gar nur einer Form eingehaucht hat, und dass aus einem so schlichten Anfang eine unendliche Zahl der schönsten und wunderbarsten Formen entstand und noch weiter entsteht."* Schöner könnte man es wohl kaum ausdrücken. Wobei ich einzig das „eingehaucht hat" durch „…haben könnte" ersetzen würde. Es ist übrigens interessant, dass zur vielseitigen Ausbildung dieses Charles Darwin, der der Kirche so viel Kummer und Kopfzerbrechen bereitete, auch Theologie gehörte….

Am 22. Oktober 1996 richtete Papst Johannes Paul II eine längere Botschaft an die Päpstliche Akademie der Wissenschaften, in welcher er zu den jüngsten Erkenntnissen der Wissenschaft in Bezug auf die Evolutionstheorie Stellung nahm. Es ist eine gewundene Epistel mit dem unverkennbaren Ziel, die unantastbare Richtigkeit des Bibeltextes und damit die Autorität der Kurie letztendlich doch über die Erkenntnisse der Wissenschaft zu stellen. Schliesslich scheiterte der Papst an der Schwierigkeit, den Brückenschlag zwischen Religion und Wissenschaft auf überzeugende Weise zu vollziehen.

Im Oktober 2014 äusserte sich Papst Franziskus zu diesem Thema. Für ihn stehen die katholische Lehre und die wissenschaftliche Evolutionstheorie nicht in Konflikt miteinander. Evolution in der Natur sei kein Gegensatz zur Überzeugung von einer göttlichen Schöpfung. Der Urknall werde heute als Ursprung der Welt angesehen, und er widerspricht der kreativen Intervention Gottes nicht, sondern setzt sie im Gegenteil voraus. (Spiegel 29.10.2014). Das ist ein kluger Annäherungsversuch, aber er lässt viele Fragen offen.

Natürlich wirft die Möglichkeit festgelegter Gesetzmässigkeiten die Frage nach dem freien Willen und der Verantwortung für unsere Willensakte auf. Wo haben diese in diesem System Platz? Haben wir denn wirklich einen freien Willen, wenn alles durch diese Gesetzmässigkeiten festgelegt ist? Entsprechen unsere

freien Entscheide dem Willen Gottes oder folgen sie dem uns-
rigen oder beiden zusammen, indem auch unser freier Wille die
Folge des universellen Systems ist?

Jetzt wird es schwierig. Angenommen, der freie Wille sei gar
kein solcher, sondern - im Sinne des dargestellten Prinzips von
zwingenden Spielregeln - eine Folge festgelegter Gesetzmässigkeiten resp. der durch diese ausgelösten komplexen Vorgänge.
Der Sachverhalt, über den wir entscheiden, wurde zwar durch
andere Umstände, Entscheide und Spielregeln herbeigeführt, alles im Sinne der Spielregeln. Und jetzt, wo die Fakten vor uns
liegen, denken wir, wir seien frei im Entscheiden. Aber schliesslich sind unsere Entscheide die Konsequenz aus allen unseren
individuellen Veranlagungen – die durch die Spielregeln Gottes
festgelegt wurden - und deren inhärentem Entscheidungssys-
tem. Und deshalb kommt es immer wieder vor, dass verschiedene Menschen bei objektiv identischem Sachverhalt anders
entscheiden, weil sie verschiedene Veranlagungen haben, anders „programmiert" sind und die Lage deshalb subjektiv anders beurteilen. Und darum gibt es nicht nur Meinungsverschie-
denheiten, sondern auch Kriege und Kriminalität, denn Gott
hat uns auch den Selbsterhaltungstrieb (Egoismus, Geltungs-
trieb, Machtgier, Misstrauen), den Fortpflanzungs (Sexual)-
trieb und andere Eigenschaften im Sinne von Spielregeln in sehr
unterschiedlichen Dosierungen mit auf den Weg gegeben.
Diese Eigenschaften sind zwar grundsätzlich lebensnotwendig,
doch wenn im Übermass vorhanden, können sie als mitent-
scheidende Faktoren zu den erwähnten Auswüchsen führen.
Wenn der Löwe die Antilope frisst oder die Katze den Vogel,

dann sind das auch Auswirkungen der Naturgesetze und Spielregeln, obwohl das für die Antilope und den Vogel unerfreulich ist, weil es ihrem Selbsterhaltungstrieb widerspricht.

Was aber würden solche vorgegebenen Gesetzmässigkeiten und Spielregeln in Bezug auf unsere Verantwortung für unsere Handlungen bedeuten, für unser Verschulden und unsere Verdienste? Der Neurowissenschafter David Eagleman nimmt in einem Interview zu dieser Frage wie folgt Stellung:

"Alle Nervenzellen sind miteinander verbunden, sie werden von anderen Neuronen angesteuert, und die steuern wiederum andere Nervenzellen. Das Netzwerk ist unvorstellbar komplex, aber es ist ein Netzwerk, also mechanisch – und um einen davon freien Willen zu haben, müsste es etwas Übergeordnetes geben. Es gibt keinen Hinweis, dass es so eine Instanz geben könnte." (Magazin Tages-Anzeiger 29. April 2017).

Zu beachten: Er sagt nicht, „Es gibt keine solche Instanz", sondern „Es gibt keinen Hinweis, dass…" Von der Seite der Neurowissenschaften herkommend steht Eagleman vor genau derselben Frage wie wir und kommt zu ähnlichen Antworten.

Das ist vielleicht eine gefährliche Gedankenspielerei, weil sie zum Schluss führen könnte, dass wir keine Verantwortung tragen, weil ja alles seinen gesetzmässigen Lauf nimmt. Eagleman meint denn dazu auch:

„Die Frage, ob jemand Schuld hat oder nicht, ist aber sinnlos. Es sollte vor Gericht nur darum gehen, wie gross die Wiederholungsgefahr ist. Die

*wichtige Frage lautet: Ist die Person gefährlich?.... Wir sollten ein vorwärts-
gerichtetes Gerichtssystem entwickeln. Wenn einer eine Straftat begangen
hat, kommt er dafür x Jahre ins Gefängnis. Vorwärtsgerichtet würde heissen: Warum bist du straffällig geworden, was ist mit deinem Gehirn los?
.... Es wäre besser, wenn Urteile vor Gericht individuell gesprochen würden. Der eine hat Schizophrenie, der andere ist ein Psychopath, wieder ein
anderer ist drogenabhängig – und für jeden gäbe es eine andere Rehabilita-
tionsstrategie. Es gibt intelligentere Lösungen, als Menschen einzusperren."*

Und wie stünde es um unsere hart erarbeiteten Erfolge, unsere
guten Taten, unsere Verdienste, für die wir Anerkennung und
Lob erwarten, wenn diese nicht durch unseren Willen, unseren
Fleiss und unsere Intelligenz, sondern durch eben diese vorge-
gebene Gesetzmässigkeiten und Dispositionen des Netzwerks
der Neuronen herbeigesteuert wurden?

Eine dieser Spielregeln ist anscheinend das zwingende Prinzip
„Werden – Sein – Vergehen". *„Alles, was entsteht, vergeht".* Das ist
eine ebenso sehr banale wie unumstössliche Tatsache. Auch
Kulturen, Staaten, Ideologien, Religionen, ja sogar ganze Him-
melskörper vergehen. Auf welche Weise sie vergehen, ist dem
Spielleiter offenbar weniger wichtig. Gott „regelt" nicht den
Einzelfall, sondern bestimmt die Spielregeln. Der, welcher die
Spielregeln festgelegt hat, spielt selbst vermutlich nicht mit, ab-
gesehen von gewissen, von den Spielregeln abweichenden
„Wundern", die wir uns nicht erklären können. Dass es dabei
zu (für uns) schmerzhaften Kollisionen zwischen einzelnen
Spielregeln kommen kann, liegt auf der Hand. Jene des Selbst-
erhaltungstriebes, des Wunsches nach einem intakten sozialen
Umfeld prallt oftmals brutal mit der des Vergehens zusammen,

und es obsiegt am Ende unausweichlich – wiederum Spielregel – der Grundsatz des Vergehens, hinter dem in unserem Fall der Tod steht. Wir müssen also wohl annehmen, dass Gott Kriege, Kriminalität usw. in Kauf nahm. Das Alte Testament bestätigt diese Annahme. Vielleicht wollte er, dass wir uns eines Tages selbst ausrotten. Auch das ist eine Art des „Vergehens". Es deutet einiges darauf hin, dass auch die Menschheit diesem Prozess unterworfen ist, siehe unsere erwähnte Ohnmacht gegenüber der drohenden Klimakatastrophe, der Bevölkerungsexplosion, der wachsenden Kluft zwischen Arm und Reich usw.

Es könnte aber auch ganz anders sein. Der schöpferischen Allmacht, die wir Gott benennen, könnte es auch eingefallen sein, gerade hier von ihren selbst festgelegten, zwingenden Spielregeln abzuweichen und mit uns den einmaligen Versuch eines vernunftbegabten Wesens zu wagen, das in der Lage ist, die Geschehnisse kraft des eigenen Verstandes zu beeinflussen. Untrennbar mit der Vernunft verbunden sind das Gewissen und die Lernfähigkeit. Leider hat er uns all die andern, oben aufgeführten Triebe gelassen, sodass in der Vorbereitung der menschlichen Handlungen der Verstand vielfach diesen andern Trieben unterliegt. Vielleicht dachte er sich, dass wir aus den immer schrecklicher werdenden Kriegen irgendwann unsere Lehren ziehen werden, doch könnte es sein, dass er uns da ein wenig überschätzt hat.... Was er wirklich will, weiss nur er. Aber so liesse sich wenigstens halbwegs erklären, weshalb sich auf der Erde immer wieder solche Gräuel ereignet haben und wohl weiterhin ereignen werden, ohne dass Gott eingreift. Man muss deswegen nicht an seiner Existenz zweifeln. Man muss nur damit aufhören, ihm menschliche Massstäbe zuzuordnen und von ihm bestimmte Handlungsweisen zu erwarten.

Eine andere Frage ist es, ob diese Allmacht, die das Ganze in Bewegung gesetzt hat, überhaupt noch existiert, oder ob sie mit der Schöpfung des Systems in diesem aufgegangen ist und dieses nun nach vorgegebenen Mechanismen abläuft, oder ob Gott doch ab und zu persönlich eingreift. Wir wissen es nicht.

Diese „Spielregeltheorie" weiter gedacht würde bedeuten, dass jede Bewegung, die wir machen, jeder Flügelschlag einer Stubenfliege, das Produkt vorgegebener körperlicher, geistiger und seelischer Dispositionen ist, die wiederum aufgrund einer oder mehrerer Spielregeln aus früheren Dispositionen – vielleicht unserer Eltern – entstanden, also auf lange Sicht geplant sind. Somit würde immer feststehen, was wann passieren wird. Das würde auf eine Art Fatalismus hinauslaufen.

Unsinn, wird man einwenden, das ist gar nicht möglich, dass es solche Spielregeln gibt, die jeden Einzelfall steuern. Das ist gar nicht vorstellbar. Zumindest übersteigt es unser Vorstellungsvermögen. Aber ein Gott, der immer zugegen ist, im Weltall und auf der ganzen Welt, bei jedem einzelnen von über sieben Milliarden Menschen, und der dazu auch noch die unzählbaren Tiere betreut, der die Dinge laufend und überall im Griff hat, „ad hoc" regelt oder zulässt, der über die Verdienste und Missetaten jedes Einzelnen Buch führt und abschliessend über dessen Endlagerstätte in der Ewigkeit entscheidet, ist denn das real besser vorstellbar? Und wie ist denn das mit dem Weltall? Auch dieses übersteigt unser Vorstellungsvermögen; dennoch existiert es. Wenn einer ein Weltall mit all seinen gewaltigen Gesetzmässigkeiten schaffen konnte, warum sollte er dann nicht in der Lage sein, auch die Spielregeln für den Ablauf auf der Erde festzulegen? Die Begrenztheit liegt nur in unserem Vorstellungsvermögen.

Gewiss, es ist ja auch denkbar, dass alle drei Systeme bestehen und zusammenwirken, das der Spielregeln, das des ad-hoc -steuernden Gottes und das des freien, verstandesgesteuerten Willens. Wiederum: Wir wissen es nicht. Daher sind das auch keine Behauptungen; für solche mangelte es ja an jeder Art von Beweisen, sondern nur Betrachtungen, Überlegungen. Noch weniger ist es ein Glaube, denn ich halte nicht im Sinne eines Glaubens daran fest; es sind einfach Gedanken, die mir die Möglichkeit eröffnen, die Existenz eines allmächtigen Gottes mit dem täglichen Geschehen auf der Erde einigermassen in Einklang zu bringen. Ich sage nur, es *könnte* so sein, genau wie es auch so sein könnte, wie es die Kirchen darstellen und wie es in der Bibel steht. Letzteres wünsche ich mir ganz besonders stark nach dem Tode eines lieben Menschen, den ich wiedersehen möchte. Ich wünsche es mir – aber ich weiss es nicht.

Burkhard Ellegast, Abt em. des Stifts Melk und Verfasser des Buches „Der Weg des Raben", schrieb mir einmal: *„Gott ist vielleicht so ganz anders, als wir ihn uns denken können."*

Und der deutsche Theologe Dietrich Bonhoeffer, den die Nazis am letzten Kriegstag im Konzentrationslager ermordeten, sagte:

„Einen Gott, den es gibt, gibt es nicht. Gott – oder wie man diese Allmacht nennen will – ist viel zu gross, als dass sie sich durch uns erfassen liesse."

Das sind die Erkenntnisse grosser Theologen. Und in den Zehn Geboten heisst es schliesslich:

„Du sollst dir kein Gottesbild machen…" (Ex. 20, 4).

Das Buch des Theologen Hans Küng mit dem Titel „Was ich glaube" habe ich gelesen, weil ich wissen wollte, wie ein religiöser und so intelligenter Mensch mit diesen Widersprüchen zurechtkommt. Das Buch schliesst mit der Aussage *„Ich hoffe, dass es auch für mich selbst eine Auflösung aller Widersprüche… geben wird."* Die Widersprüche sind auch bei ihm geblieben. Er hofft. Er weiss es nicht.

Natürlich sind diese Gedanken nicht neu, sie bestanden beispielsweise bereits in der Zeit der Aufklärung unter dem Begriff „Deismus". Vielleicht kam der römische Dichter Ovid (43 v.Chr. – 17 n.Chr.) in seinen Metamorphosen der Sache schon viel früher näher mit dem Satz: „Deus sive natura", sei es Gott oder die Natur - es ist einerlei. Demgegenüber sind viele christliche Theologen davon überzeugt, über dieses Wissen zu verfügen, und sie geben es eifrig weiter. Sie schöpfen es aus der Bibel. Was liegt daher näher, als ebenfalls dieses Buch zur Hand zu nehmen und sich mit ihm auseinander zu setzen?

3 Die Bibel

Den Anstoss zu meiner persönlichen Auseinandersetzung mit diesem dicken Buch gaben eigentlich die Zeugen Jehovas, die eines Tages an unsere Türe klopften. Irgendwie beeindruckten mich diese Menschen mit ihrem unerschütterlichen, ausschliesslich auf der Bibel beruhenden Glauben. Ich beschloss, sie Ernst zu nehmen und ihnen zuzuhören. Es entspann sich über mehrere Abende ein angeregter Dialog, der mich einige Flaschen Wein kostete.

3.1 Das Alte Testament

Die Zeugen Jehovas übergaben mir Traktate, die mich von ihrem Glauben überzeugen sollten. In diesen wird die Macht und Grösse des „Herrn" gepriesen. Diese Traktate stützen sich unter anderem auf das Buch Josua. Ich wollte es etwas genauer wissen und las das Buch Josua selbst, und zwar ganz. Da musste ich einige Stellen zweimal lesen, weil ich nicht fassen konnte, was da geschrieben steht. Was tut der „Herr" denn da? Er schickt „sein" Volk in fremdes Land, wo andere Menschen friedlich leben. Es kommt zu Schlachten, und der „Herr" verhilft „seinem" Volk mit allerhand Kriegslist zum grausamen Sieg. Ganze Städte werden zerstört und die Bevölkerung niedergemetzelt.

„Mit scharfem Schwert weihten sie (die Israeliten) *alles, was in der Stadt war, dem Untergang, Männer und Frauen, Kinder und Greise, Rinder, Schafe und Esel… Es gab an jenem Tag insgesamt zwölftausend Gefallene, Männer und Frauen….Den König von Ai aber liess er an einem Baum aufhängen, dort hing er bis zum Abend. Als die Sonne unterging, nahm man die Leiche auf Befehl Josuas von dem Baum ab und warf sie vor die Stadt…"* (Josua 6)

Vermutlich handelt es sich hier um eine realistische Schilderung der Eroberung von Jericho und Ai. Mit ihrer biblischen Kriegsberichterstattung haben die Eroberer ihre Expansionspolitik und die Gräuel der zu diesem Zweck geführten Kriege gerechtfertigt unter dem Mäntelchen von Weisungen des „Herrn". Sie, die Herrschenden, tragen keine Verantwortung für alle diese Untaten, denn der „Herr" hat gerufen und ihnen befohlen, ihre Nachbarn abzuschlachten. Und wer würde es wagen, sich der Stimme des „Herrn" zu widersetzen? Die Nachbarn? Die haben eben an den falschen Gott geglaubt, und darum liegen sie jetzt, Männer, Frauen und Kinder, mit eingeschlagenen Schädeln und aufgeschlitzten Bäuchen im Dreck! Ihnen ist die Gerechtigkeit des „Herrn" widerfahren, im Namen des „Herrn", Amen!

Der Vergleich zwischen den Traktaten der Zeugen Jehovas und dem Originaltext des Buches Josua zeigt eines mit aller Deutlichkeit: Wie sehr man mit Auslassungen den Sinn eines Textes verändern, ja umkehren kann.

Immerhin – mein Interesse an der Bibel war geweckt, zwar nicht ganz in dem von den Zeugen Jehovas bezweckten Sinn, sondern ich begann mich zu fragen, ob denn die ganzen christlichen Konfessionen auf einer Schrift aufgebaut sind, die von

Machtkämpfen, Streit und Krieg berichtet und von Blut trieft. Diese Befürchtung bestätigte sich. Ähnlich wie bei Josua geht es schon in den Midianiterkriegen im 4. Buch Mose zu (Numeri 31):

„Der Herr sprach zu Mose: Nimm für die Israeliten Rache an den Midianitern!... Sie zogen gegen Midian zu Feld, wie der Herr es Mose befohlen hatte, und brachten alle männlichen Personen um...".

Wiederum hat Gott, der „Herr" einen Rachefeldzug angezettelt. Bei der Rückkehr der siegreichen Helden wird Moses richtig böse und fragt sie:

„Warum habt ihr alle Frauen am Leben gelassen? ..... Nun bringt alle männlichen Kinder um und ebenso die Frauen, die schon einen Mann erkannt und mit einem Mann geschlafen haben. Aber alle weiblichen Kinder und die Frauen, die noch nicht mit einem Mann geschlafen haben, lasst für euch am Leben!"

Was dieser letzte Satz bedeutet, dürfte wohl klar sein. Und warum mussten denn die Frauen auch dran glauben? Moses liefert die Begründung gleich mit:

„Gerade sie haben auf den Rat Bileams hin die Israeliten dazu verführt, vom Herrn abzufallen und dem Pegor zu dienen, sodass die Plage über die Gemeinde des Herrn kam."

Also hat der Glauben an den falschen Gott wieder einmal zu einer grauenvollen Massenschlächterei geführt.

Folgerichtig geht es dann im 5. Buch Mose, 20.13 und 16 weiter:

„Wenn der Herr, dein Gott, sie (gemeint die eroberten Städte) *in deine Gewalt gibt, sollst du alle männlichen Personen mit scharfem Schwert*

erschlagen… Aus den Städten dieser Völker jedoch, die der Herr, dein Gott, dir als Erbbesitz (auf den kommen wir später noch zurück*) gibt, darfst du nichts, was Atem hat, am Leben lassen…."*

Das alte Volk Israel muss eine grausame Gesellschaft gewesen sein. Aber wehe, wenn es einmal umgekehrt verlief! Psalm 137 handelt von der Gefangenschaft der Israeliten in Babylon. Am Schluss geifert der Verfasser:

„Tochter Babel, du Zerstörerin! Wohl dem, der dir heimzahlt, was du uns getan hast! Wohl dem, der deine Kinder packt und sie am Felsen zerschmettert!"

Dieser Psalm soll als Grundlage zum Libretto von Verdis „Nabucco" gedient haben. Ja, „Va pensiero…". Die Rachsucht kennt keine Grenzen.

Ich habe auch Mühe mit der Vorstellung eines Gottes, der sein sündiges Volk, das er ja selbst nach seinem Vorbild geschaffen haben soll, erbarmungs- und fast ausnahmslos in der Sintflut ersaufen lässt, und der Sodom und Gomorrha strafeshalber niederbrennt. Diese Geschichten hat sich wohl einer ausgedacht, der sein Volk auf handfeste Weise auf den Pfad der Tugend weisen wollte. Dass dem kein Erfolg beschieden war, beweist die ausgebliebene erzieherische Wirkung.

Gewisse religiöse Kreise, darunter die „Zeugen Jehovas", interpretieren diese Bibelstellen in dem Sinn, dass Gott diese Völker vernichten wollte, weil sie so schlecht gewesen sein sollen. Diese Interpretation ist ein plumper Versuch der Rechtfertigung von etwas niemals zu Rechtfertigendem. Es gibt kein Volk und hat nie eines gegeben, in welchem alle Menschen durch und durch schlecht waren, nicht einmal in Deutschland zur Zeit des Naziregimes. Tatsächlich handelte es sich bei den biblischen Feldzügen um nichts anderes als um reine Völkermorde, Genozide, angetrieben von Machtgier (Egoismus!), Rache und Mordlust. Bei der Lektüre dieser Texte überkommen mich keine hehren, frommen Gefühle, sondern das kalte Grauen. Derjenige, diejenige oder dasjenige, was ich mir unter Gott vorstelle, dürfte sich verbeten haben, auch nur im Geringsten mit derartigen Kriegsverbrechen in Zusammenhang gebracht zu werden.

Was ich da im Alten Testament kennen lernte, ist kein Gott der Liebe und der Gerechtigkeit, sondern ein brutaler Kriegsgott, ein Eifersüchtiger (wörtlich in den Zehn Geboten, Ex. 20,5!), ein Egoist, der in seinem Namen zum Morden aufruft, wenn ihn jemand nicht verehrt oder seinen Anweisungen keine Folge leistet. Weitere Beispiele dafür gibt es haufenweise (Dtn. 13,7 – 11; Dtn. 28, 15 – 28; Ri. 4, 21; 7, 24 - 25, 11, 29 - 40, , Jes. 13,4 – 18; 28 usw.).

Es scheint geradezu, als sei dieser Gott in Syrien und in andern Ländern mit nicht enden wollenden Kriegen wieder ausgebrochen. Und es scheint, als ob andere Religionen ähnlich gelagerte Gottheiten verehren würden. Irgendwo glaubt immer einer, er habe die „Erleuchtung" empfangen, verbunden mit dem Auftrag, seine Weisheit wenn nötig mit Waffengewalt in die Schädel seiner Mitmenschen hineinzuprügeln.

Aber bei der Lektüre dieses Buches Josua bin ich noch auf etwas Anderes gestossen. Ganz am Anfang sagt der „Herr" zu Josua folgendes:

„Euer Gebiet soll von der Steppe und vom Libanon an bis zum grossen Strom, zum Euphrat reichen… und bis zum grossen Meer, wo die Sonne untergeht…. Denn du sollst diesem Volk das Land zum Besitz geben, von dem du weißt: Ich habe ihren Vätern geschworen, es ihnen zu geben…“

Es folgen die erwähnten blutigen Kriegszüge. Weiter hinten wird der Anspruch auf das Land bestätigt, wo Josua sagt:

„Ihr habt selbst alles gesehen, was der Herr, euer Gott, mit all diesen Völkern vor euren Augen gemacht hat; denn der Herr, euer Gott, hat selbst für euch gekämpft. Seht, ich habe euch die Gebiete dieser Völker, die noch übrig geblieben sind, und all der Völker, die ich vernichtet habe, vom Jordan bis zum grossen Meer im Westen entsprechend euren Stämmen als Erbbesitz zugeteilt…“ usw.(Vgl. auch Dt. 1, 6 – 8).

Wenn man der Bibel den Status der Heiligkeit und des Wortes Gottes zuerkennt, dann muss man damit wohl anerkennen, dass das Land zwischen dem Jordan und dem Mittelmeer – und, je nach Auslegung, noch mehr - den Juden gehört, auch wenn es inzwischen während zweitausend Jahren mehrheitlich von Arabern bewohnt wurde. Solchen Teilen der „Heiligen Schrift“ haben wir weitgehend die unheiligen Probleme im Nahen Osten zu verdanken. Dieses Land, für das der „Herr“ persönlich gekämpft hat, soll im Erbbesitz „seines“ Volkes bleiben. Daran klammern sich heute noch die sogenannten „Orthodoxen“ unter den Juden (die Bezeichnung stammt aus dem Griechischen und bedeutet „die mit der richtigen (geraden) Meinung“). Der „Herr“ hat ihnen dieses Land auf ewige Zeiten versprochen, so steht es in der Bibel, im vierten Buch Mose, und ebenso in der Tora, die im Grunde genommen den fünf Büchern des Moses entspricht. Und deshalb wird noch heute um dieses Land gestritten.

Ein weiteres sonderbares Beispiel findet sich im Buch 1 Chronik 21.1, wo König David eine Volkszählung veranlasst. Das erregte das Missfallen Gottes in einem solchen Ausmass, dass er David dafür mit der Pest bestrafte, bei der 70'000 Menschen das Leben verloren. Weshalb schreiten die bibeltreuen Religionen nicht ein, wenn eine Volkszählung anberaumt wird? Nach der Bibel ist das gänzlich entgegen dem Willen Gottes!

Das Alte Testament macht uns mit gewissen Wertvorstellungen des Altertums vertraut, die mit dem humanistischen Gedankengut, wie es einer modernen Sittenlehre entspricht, unvereinbar sind. Es ist ein für uns nicht mehr nachvollziehbares, absolutistisches, ja man könnte sagen geradezu faschistisches Rechtsempfinden, das beispielsweise im fünften Buch Mose (Deuteronomium) 21. 18 – 21, zum Ausdruck kommt, wo es heisst:

„Wenn ein Mann einen störrischen und widerspenstigen Sohn hat, der nicht auf die Stimme seines Vaters und seiner Mutter hört, und wenn sie ihn züchtigen und er trotzdem nicht auf sie hört, dann sollen Vater und Mutter ihn packen, vor die Ältesten der Stadt und die Torversammlung des Ortes führen und zu den Ältesten der Stadt sagen: Unser Sohn hier ist störrisch und widerspenstig, er hört nicht auf unsere Stimme, er ist ein Verschwender und Trinker. Dann sollen alle Männer der Stadt ihn steinigen und er soll sterben. Du sollst das Böse aus deiner Mitte wegschaffen. Ganz Israel soll davon hören, damit sie sich fürchten.‟

Hier wird zur Abschreckung bestraft, im Gegensatz zur heute vorwiegenden Sichtweise einer Strafe, bei welcher die Besserung des Täters und der Schutz der Öffentlichkeit im Vordergrund stehen. Die im Alten Testament vorgesehenen Strafen sind im Allgemeinen sehr hart. Eine Ausnahme bildet jedoch die Vergewaltigung von Frauen. Da heisst es in 5. Mose, 22, 28 – 29: *„Wenn jemand eine Jungfrau trifft, die nicht verlobt ist, und ergreift sie und wohnt bei ihr und wird dabei betroffen, so soll er, der ihr beigewohnt hat, ihrem Vater fünfzig Silberstücke geben und soll sie zur Frau haben, weil er ihr Gewalt angetan hat; er darf sie nicht entlassen sein Leben lang."*

Und noch krasser in Richter 19, 23-24, wo eine Horde Männer an die Türe eines Gastgebers klopft und sich über den Gast „hermachen" will: *„Nicht, meine Brüder",* sagt der Gastgeber, *„tut doch nicht ein solches Unrecht! Nachdem dieser Mann in mein Haus gekommen ist, tut nicht eine solche Schandtat! Siehe, ich habe eine Tochter, noch eine Jungfrau, und dieser* (der Gast) *hat eine Nebenfrau, die will ich euch herausbringen. Die könnt ihr schänden und mit ihnen tun was euch gefällt, aber an diesem Mann tut keine solche Schandtat!"*

Was gibt es da noch zu sagen als ein entsetztes Abwenden? Und ein solches Buch soll die Grundlage unserer „abendländisch-christlichen" Kultur sein? Hier stossen wir auf ein Problem das uns noch beschäftigen wird: Die Stellung der Frau. Im Alten Testament wird sie offensichtlich als Eigentum des Mannes betrachtet. Die vom Vergewaltiger zu bezahlende Entschädigung gehört nicht etwa dem Opfer, sondern dem Vater. Zudem wird die Tat aus unserer Sicht sehr milde bestraft. Es erstaunt nun nicht, woher der Apostel Paulus seine Einstellung zur Frau nimmt.

Ein weiteres Beispiel dieser Art ist die Bereitschaft Abrahams, auf Weisung des „Herrn" seinen Sohn zu opfern (Genesis 22).

38

Dieser bedingungslose, absolute Gehorsam, der vor dem Mord des eigenen Sohnes im Auftrag des Herr(schende)n nicht zurückschreckt, trägt den Kern des Faschismus in sich. Ungezählte weltliche Herrscher haben sich diese Wertvorstellung zu Eigen gemacht, und nie ist es dabei gut herausgekommen.

Besonders ungute Assoziationen an die Gegenwart vermittelt 3. Mose 24, 16, wo Gott zu Moses spricht:

„Wer den Namen des Herrn schmäht, wird mit dem Tod bestraft; die ganze Gemeinde soll ihn steinigen. Der Fremde muss ebenso wie der Einheimische getötet werden, wenn er den Gottesnamen schmäht.“

Bibel, „Wort Gottes“, „Heilige Schrift“, nicht etwa Koran…! An solchen Stellen keimt der Verdacht auf, dass sich die Autoren des Korans vom Alten Testament der Juden hätten inspirieren lassen.

Oder etwa in Exodus 34, 12:

„Du hüte dich aber, mit den Bewohnern des Landes, in das du kommst, einen Bund zu schliessen; sie könnten dir sonst, wenn sie in deiner Mitte leben, zu einer Falle werden. Ihre Altäre sollt ihr vielmehr niederreissen, ihre Steinmale zerschlagen, ihre Kultpfähle umhauen.“

Eine praktische Anleitung für eine friedliche Integration, nicht wahr? Ich frage mich: Befinden wir uns jetzt in einer christlichen Schrift oder in einer solchen des fundamentalistischen Islams? Beide Religionen sind monotheistisch, verweigern der Frau wesentliche Grundrechte und haben fundamentalistische, extremistische Tendenzen. Worin liegt denn eigentlich der Unterschied? Da verbietet man den Vertrieb des Korans und die Bibel wird im Gottesdienst vom Pfarrer geküsst…

Damit sind wir beim dritten Buch Mose, dem Buch Leviticus angekommen. Die neue Einheitsübersetzung sagt in der Einleitung dazu: „*Die für uns teilweise befremdlichen Riten und Vorschriften...*". Tatsächlich finden wir hier – neben detaillierten Vorschriften für Tieropfer – ein ganzes Register von Fällen, auf welchen die Todesstrafe steht, so z.B. auf homosexuellen Handlungen und Geschlechtsverkehr in der Verwandtschaft. Unter den Vollzugsvorschriften fehlt auch die Verbrennung nicht. Den Hexenprozessen des Mittelalters lieferte das Alte Testament die religiöse „Rechtsgrundlage":

„*Eine Hexe sollst du nicht am Leben lassen...*" (Exodus 22, 17).

Haben Sie in der Kirche jemals derartige Zitate gehört? Eben – die Kunst der Auslassung.

Das Alte Testament fördert ausserdem eine Politik der Ausgrenzung, indem das Volk Israel immer von den „andern" abgehoben und in Gottes Schutz genommen wird.

Im positiven Sinne sind die Zehn Gebote zu erwähnen, wohl die bedeutendste Stelle des Alten Testamentes. Sie bilden die Grundlage einer archaischen, primitiven Rechtsordnung und sind heute, soweit angebracht, in den gesetzlichen Grundlagen jedes halbwegs zivilisierten Staates verankert. Es ist anzunehmen, dass sie eine Zusammenfassung bereits bestehender Vorschriften und Regelungen darstellen. In humanistischem Sinne heben sie sich (mit Ausnahme von Ex. 20.5) vorteilhaft von den meisten der übrigen Texte des Alten Testamentes ab. Doch es gab schon früher ähnliche Verhaltensvorschriften wie z.B. jene des Hammurabi um 1800 v. Chr., währenddem die ältesten Texte des Alten Testamentes etwa um das Jahr 900 v.Ch. zu datieren sein dürften. Im Grunde genommen waren sie nicht nur die Theologie, sondern auch die Jurisprudenz des Altertums. Jahrhunderte später erfolgte dann - mit Rückschlägen - die Aufteilung der Vorschriften und Bräuche auf zwei verschiedene „Fakultäten" und Gewalten. Das erwies sich als weise Massnahme. Leider vermochte der Islam diese Trennung bisher noch nicht restlos nachzuvollziehen, mit den bekannten, unheilvollen Folgen. Alle diese Texte flossen in irgendeiner Weise in die griechische und römische Gesellschaft ein. Wie weit dabei die Zehn Gebote der Juden mit einflossen, ist heute schwer zu beurteilen. Aufgrund der demographischen Verhältnisse und der Tatsache, dass zu jener Zeit in den genannten Kulturkreisen eine polytheistische Religionsauffassung vorherrschte, im Gegensatz zur streng monotheistischen des Judentums, dürfte ihr Einfluss kaum allzu gross gewesen sein.

Die hohe Stellung des Alten Testamentes, besonders in der katholischen Kirche und einigen andern Glaubensgemeinschaften, ist schwer nachzuvollziehen. Zwar wurde in der Vergangenheit verschiedentlich diskutiert, das Alte Testament aus dem Kanon der Heiligen Schriften auszuschliessen (so z.B. die nazifreundlichen deutschen Christen auf ihrer Sportpalastkundgebung 1933...), doch kam es bisher nie dazu.

Bei der Beurteilung solcher Bibelstellen ist zu beachten, dass im Altertum die Furcht vor Seuchen sehr gross war. Man kannte kaum Mittel gegen diese – ausser der Vorbeugung. Wenn einer sein Volk damals gesund erhalten wollte, war er gezwungen, strenge Vorschriften in dieser Richtung zu erlassen. Also gehörte damals auch das Gesundheitswesen in den Zuständigkeitsbereich der Theologen. Aber heute ist das ein separates

Ressort und nicht mehr Aufgabe der Religion. So wenig wie eine Scharia brauchen wir heute ein religiöses Parallel-Strafgesetzbuch, wie es extremistische Kreise fordern, etwa wie der Churer Bischof Huonder an der Tagung „Freude am Glauben" in Fulda am 31. Juli 2015, als er die Todesstrafe für Homosexualität aus dem Buch Leviticus in Erinnerung rief. Eine seltsame „Freude am Glauben".

Das sind nur einige wenige Beispiele aus dem Alten Testament, das in seiner Einheitsübersetzung mehr als tausend klein gedruckte Seiten umfasst.

3.2 Das Neue Testament

Das Neue Testament enthält in den Evangelien die wirkliche Substanz des Christentums, unter anderem die Bergpredigt (Matth. 4.43). Näheres dazu in Kapitel 4, Jesus Christus. Aber auch im Neuen Testament finden wir Stellen, die uns nachdenklich stimmen. So schliesst ausgerechnet dieses Matthäus-Evangelium mit der Aufforderung zur Mission (Matth. 28, 18 – 20):

„*Da trat* (der auferstandene) *Jesus auf sie zu und sagte zu ihnen: Mir ist alle Macht gegeben im Himmel und auf der Erde. Darum geht zu allen Völkern und macht alle Menschen zu meinen Jüngern; tauft sie auf den Namen des Vaters und des Sohnes und des Heiligen Geistes, und lehrt sie, alles zu befolgen, was ich euch geboten habe.*"

Das ist ein Aufruf zur Mission mit allen ihren Folgen, hauptsächlich der Intoleranz gegenüber allen andern Religionen. Eine Folge davon war die Inquisition, die unsägliches Leid über zahllose Menschen brachte. Manfred Lütz behauptet in seinem Buch „Der Skandal der Skandale" (s. Kapitel 5), dass die Kirche nur in ganz wenigen Ausnahmefällen die Verantwortung für die Folterungen und Todesurteile trage. In den meisten Fällen seien die Urteile durch weltliche Gerichte gefällt worden. Dass das nicht immer so war, beweist der Fall Jeanne d'Arc, die durch ein bischöfliches Gericht zum Feuertod verurteilt wurde. In Kapitel 8 betrachten wir die Bilanz der Zürcher Hexengerichte etwas näher und werden dort die Rolle der Kirche in diesem Zusammenhang sehen. Von all dem ist im Buch von Lütz nichts zu lesen. Auch die weltlichen Urteile sind vor einem religiösen Hintergrund entstanden, ja sie berufen sich auf diesen. Von einem beherzten Einschreiten der Kirche zugunsten der zu Unrecht Verurteilten hört man kaum etwas.

Der Apostel Paulus setzt sich mit einigem, das er geschrieben hat, in groben Widerspruch zu den Grundsätzen Christi, der die uneingeschränkte Nächstenliebe predigte, so wenn Paulus den Ausschluss der „Unzüchtigen" aus der Gesellschaft fordert (1. Korinther 5,9). Dem steht die Begegnung Jesus mit der Sünderin diametral gegenüber (Lk 7, 36 – 50). Oder wenn er die Geringschätzung und Schlechterstellung der Frau postuliert, die z.B. in 1. Korinther 11,8 krassen Ausdruck findet:

„Eine Frau aber entehrt ihr Haupt, wenn sie betet oder prophetisch redet und dabei ihr Haupt nicht verhüllt. Sie unterscheidet sich dann in keiner Weise von einer Geschorenen. Wenn eine Frau kein Kopftuch trägt, soll sie sich doch gleich die Haare abschneiden lassen. Ist es aber für eine Frau

eine Schande, sich die Haare abschneiden oder sich kahl scheren zu lassen,
dann soll sie sich auch verhüllen. Der Mann darf sein Haupt nicht verhül-
len, weil er Abbild und Abglanz Gottes ist; die Frau aber ist der Abglanz
des Mannes. Denn der Mann stammt nicht von der Frau, sondern die
Frau vom Mann. Der Mann wurde auch nicht für die Frau geschaffen,
sondern die Frau für den Mann…."

Und dann in 1 Korinther 14, 34-36!

„Wie es in allen Gemeinden der Heiligen üblich ist, sollen die Frauen in
der Versammlung schweigen; es ist ihnen nicht gestattet zu reden. Sie sollen
sich unterordnen, wie auch das Gesetz es fordert. Wenn sie etwas wissen
wollen, dann sollen sie zu Hause ihre Männer fragen; denn es gehört sich
nicht für eine Frau, vor der Gemeinde zu reden."

„Abglanz des Mannes!" Was für eine ungeheure, beschämende
und mit nichts zu rechtfertigende Anmassung spricht aus diesen
Worten! Was für eine Grundlage für unendliches Leid und Ungerechtigkeit! Es wurde nie nachgewiesen, dass die Art der Ge-
schlechtsorgane irgendeinen Einfluss auf die Intelligenz und
den Charakter des Menschen haben könnte. Dieser Unsinn
wurde weder von der katholischen noch von der reformierten
Kirche je korrigiert, sondern in ihren Predigten verschwiegen.
Warum? Zählen diese Zeilen des Apostels Paulus etwa auch zu
den Grundlagen des christlichen Glaubens, ohne die er nicht
der christliche Glaube wäre? Oder befürchten die Kirchenväter
ein auseinanderbrechen ihrer Religion, wenn heute derartige
Thesen zum Thema würden? Immerhin geht es um die „Heilige
Schrift", das „Wort Gottes"…!

Meist denkt man, zwischen dem Islam und der katholischen
Kirche klafften Abgründe. Wenn es aber um die Rechte der

Frau geht, stehen sie sich eigenartigerweise sehr nahe (Elham Manea in ihrem Buch „Ich will nicht mehr schweigen"). Es ist ein schwacher Trost, dass die beiden Religionen in diesem Bereich mit denselben Schwierigkeiten zu kämpfen haben. Dass sich da kurzfristig kaum etwas ändern wird, hat Papst Johannes Paul II klargestellt, als er 1994 die Frage der Priesterweihe der Frau als „nicht mehr diskutierbar" erklärte. Auch ein Amtsinhaber, der da anderer Meinung wäre, wird in nächster Zeit kaum etwas verändern können. Er wird sich hüten, diese heisse Kartoffel anzurühren. Am Ende wird wohl einzig eine steigende Zahl der Kirchenaustritte ein anderes Denken bewirken, denn ein solches träfe die katholische Kirche an ihrem empfindlichsten Punkt: Der Macht.

Dass es heute massgebende Kirchenmänner gibt, die anders denken, entnehme ich dem Buch „Der Weg des Raben" von Burkhard Ellegast, dem emeritierten Abt des Benediktinerstifts Melk. Ellegast hat in seiner Amtszeit das Stift zu einer modernen Ausbildungsstätte geformt und die wertvollen Gebäude vorbildlich renoviert. Er schreibt:

„Man kann das Problem des Priestermangels sicher nicht durch Priester-Importe aus aller Welt lösen. …. Persönlich könnte ich mir die Priesterweihe auch für Frauen vorstellen. Das wird aber, so befürchte ich, eine längere Anlaufphase brauchen…. Mir scheint aber, dass Gottes Wille mit ziemlicher Sicherheit in diese Richtung läuft."

Bei all diesen Bibelzitaten drängt sich die Feststellung auf, dass sie ausnahmslos von Männern stammen. Die Frauen hatten seinerzeit wohl anderes zu tun, als heilige Schriften zu schreiben.

Vor allem liess man ihnen nicht die dazu nötige Ausbildung zukommen. Vielleicht hätte das schon damals zu anderen Meinungsäusserungen geführt als jene des Apostels Paulus. Wie es heute um die Stellung der Frauen in der katholischen Kirche steht, wurde in letzter Zeit mehrfach in der Presse behandelt, beispielsweise im Bericht von Doris Wagner (Tages-Anzeiger 13.11.2018), die als Nonne von ihrem Hausobern mehrfach vergewaltigt wurde. Ihre Beschwerde an Papst Franziskus wurde mit einem Standardbrief des Staatssekretariates beantwortet, in welchem ihr für *„die Mitsorge um das Wirken der Kirche"* gedankt wurde. Der fehlbare Geistliche wurde versetzt. Dabei blieb es. Sie berichtet ferner darüber, dass *„in Priesterseminaren und Bischofsresidenzen Schwestern ohne Arbeitsvertrag und ohne vernünftige Bezahlung als Haushälterinnen benutzt werden. ...Als ich ins Werk eintrat, musste ich (mit Abitur Note 1,.) putzen und kochen. Die Mitbrüder und Patres sassen in ihren Zimmern und lasen Bücher, während ich in der Wäscherei ihre Unterhosen zusammenlegte...".*

Diese Haltung lässt den grundlegenden Respekt vor der Frau als bedingungslos gleichwertigem und gleichberechtigtem Menschen vermissen. Dass es in einer solchen Organisation noch ein weiter Weg bis zur Gleichstellung ist, liegt auf der Hand, da hat Burkhard Ellegast sicher recht. Wobei die Auswirkung dieser Haltung auf die gesamte Gesellschaft und Wirtschaft nicht übersehen werden darf. Sie bildet ein wesentliches Hemmnis auf dem Weg zur Verwirklichung der verfassungsmässig garantierten Gleichstellung, denn solange sich eine in der Gesellschaft dermassen dominante Gruppierung wie die katholische Kirche am Patriarchat festklammert, werden es die Frauen schwer haben, zu ihrem Recht zu kommen.

Ein anderes Beispiel aus den Evangelien, das uns Grund zur kritischen Betrachtung gibt, steht in Matthäus 27, 22 – 23, wo Pilatus die Juden fragt: *„Was soll ich denn mit Jesus tun…?"* und *„Was für ein Verbrechen hat er denn begangen?"*. Da schreien sie wiederholt: *„Ans Kreuz mit ihm!"* Es ist mehr als zweifelhaft, dass sich die Verhandlung vor Pilatus so abgespielt hat, wie sie von Matthäus beschrieben wird. Aber diese Darstellung in der Bibel hat später den Antisemitismus geschürt und damit immer wieder den schlimmsten Verbrechen Vorschub geleistet: *„Die Juden haben unsern Herrn Jesus Christus ans Kreuz genagelt!"* Und sie gibt zu denken, wenn man sich mit der Frage befasst, wie weit die Volksmeinung als oberste Rechtsinstanz zu betrachten sei.

An verschiedenen Stellen des Neuen schimmert der Geist des Alten Testaments durch, so in Joh. 3.36: *„Wer an den Sohn glaubt, hat das ewige Leben, wer aber dem Sohn nicht gehorcht, wird das Leben nicht sehen, sondern Gottes Zorn bleibt auf ihm."* Mit diesem Bibelvers, mit dieser schrecklichen Drohung erklärt sich die ganze Macht und der Druck, den die Kirche auf das Volk ausgeübt hat und noch immer ausübt. Eigentlich ist es ja „nur" Johannes, der das hier ausspricht (Jesus tut es später auch), aber eben, es steht nun mal in der Bibel… Ja, wer daran glaubt, tut wohl besser, in die Kirche zu gehen und sich ihren Ritualen zu unterziehen, wenn er sich schlaflose Nächte ersparen will.

Die Bibel ist eine Sammlung von alten Schriften unterschiedlicher Herkunft, Autoren und Qualität. Das Neue Testament ist davon nicht ausgenommen und entspricht in vielen Fragen nicht mehr unserem heutigen Denken und unseren Überzeugungen. Die Geschichte zeigt, dass man mit Hilfe der Bibel auf dem Weg zum Weltfrieden keine grossen Fortschritte gemacht hat. Gewiss soll man sie deswegen nicht in Bausch und Bogen verwerfen, aber es wäre an der Zeit, sie nüchterner zu betrachten, wenn man sie weiterhin als Wegleitung für ein gedeihliches Zusammenleben anerkennen will.

Und nun zurück zur Frage: Hat uns das Bibelstudium eine Antwort auf die eingangs gestellten Fragen gegeben? Wohl kaum, es ist eher das Gegenteil eingetreten, die Konfusion ist gewachsen. Auf meiner Suche nach einer Antwort komme ich mir vor wie ein Wanderer, der allein, nur mit einer Landkarte aus der Zeit des Ptolemäus ausgerüstet, in einem ihm unbekannten Gebirge unterwegs ist. Man wird mir vorwerfen, ich habe nur die negativen Stellen aus der Bibel herausgepickt und auch diese falsch verstanden. Ich halte genau das den Pfarrern und andern Kirchenobern entgegen. Sie suchen sich die ihnen für ihre Predigt passenden Stellen heraus und erdenken sich eine Geschichte dazu – und schon ist es das Wort Gottes in unserem Alltag, unantastbar.

In seinem Buch „Der Gotteswahn" schreibt Richard Dawkins:

„Haben diejenigen, die uns die Bibel als Anregung zu moralischer Rechtschaffenheit vorhalten, eigentlich die geringste Ahnung davon, was tatsächlich darin geschrieben steht?"

Etwas freundlicher könnte man auch sagen: Sie ist ein Buch von Menschen für Menschen. Wie viele andere auch. Aber als Wegweiser zu einer friedlicheren Welt taugt sie wohl nur beschränkt.

4 Jesus Christus

Zwar haben wir uns schon in Kapitel 3.2 mit dem Neuen Testament und damit mit Jesus auseinandergesetzt. Aber diese Person spielt darin und auch im heutigen Christentum eine dermassen zentrale Rolle, dass wir nicht darum herumkommen, uns mit dieser schwer fassbaren Persönlichkeit zu befassen.

Vorab: Auch religionskritische Autoren bezweifeln nicht, dass es zu jenen Zeiten einen Menschen gab, der mit seinen Ansichten und Äusserungen das religiöse, politische und soziale Gefüge der damaligen Welt gehörig durcheinander brachte. Wenn ich allerdings die Evangelien lese, gelange ich eher zum Eindruck, dass dieser Christus Ordnung in die jüdischen Gesetze und Traditionen bringen wollte und dabei ungewollt das Gegenteil bewirkte (z.B. Joh. 4, 22, Gespräch Jesu mit der samaritischen Frau: *„Ihr betet an, was ihr nicht kennt, wir beten an, was wir kennen; denn das Heil kommt von den Juden.")*. Oder in der Bergpredigt, Matth. 5, 17: *„Denkt nicht, ich sei gekommen, um das Gesetz und die Propheten aufzuheben. Ich bin nicht gekommen, um aufzuheben, sondern um zu erfüllen."* Er nahm sich das Recht heraus, einige dieser Gesetze und Traditionen zu hinterfragen, so z.B. den Sabbat (Mk. 2.23 – 28). Dafür, dass er eine neue Religion schaffen wollte, finde ich keine Anhaltspunkte. Die Überhöhung, als Sohn zur rechten Hand Gottes zu sitzen, dürfte kaum von Jesus selbst stammen, sondern wurde wohl nachträglich von seinen verschiedenen Biographen, den Evangelisten, dazu erfunden, die eine wirksame, zeitgemässe Handhabe benötigten, um ihre

Lehre zu verbreiten. Aber es passt einfach nicht zur Beschreibung des Menschen Christus, den uns die Bibel liefert. Die islamische Darstellung, wonach Mohammed der Prophet und Gesandte Allahs ist, leuchtet viel mehr ein und ist auch sympathischer und weniger anmassend als das Bild von Jesus Christus als leiblicher Sohn Gottes. Tatsächlich *„wurde der Anhang 16.9 – 20 zum Markusevangelium erst im 2. Jahrhundert nach Christus von unbekannter Hand angefügt"* (gemäss Einheitsübersetzung der Bibel, herausgegeben im Auftrag der Bischöfe Deutschlands, Österreichs und der Schweiz und des Rates der Evangelischen Kirche in Deutschland usw., Seite 1122. Das Markusevangelium ist das älteste Evangelium). Ob Jesus Christus in Wirklichkeit so oder anders hiess, ist ebenso wenig von Belang wie die Bezeichnung der göttlichen Allmacht mit Gott, Jehova, Allah, Manitou usw.

Eines der Kernstücke der Lehre Jesus ist bekanntlich die Bergpredigt. Einiges von dem, was in Matthäus 4.43 gesagt wird, ist erstaunlich, bis heute. Jesus bringt Gesichtspunkte auf, die in der damaligen Welt revolutionär gewirkt haben müssen, so z.B. Matth. 5 – 7: *„Selig, die keine Gewalt anwenden; denn sie werden das Land erben."* Welch ein Gegensatz zu den blutigen Rache- und Eroberungsfeldzügen des Alten Testaments! Oder Matth. 5, 39 - 44: *„Ich sage euch: Leistet dem, der euch etwas Böses antut, keinen Widerstand, sondern wenn dich einer auf die rechte Wange schlägt, dann halte ihm auch die andere hin. Und wenn dich einer vor Gericht bringen will, um dir dein Hemd wegzunehmen, dann lass ihm auch den Mantel. ... Wer dich bittet, dem gib, und wer von dir borgen will, den weise nicht ab. .... Ich aber sage euch, liebt eure Feinde und betet für die, die euch verfolgen. ..."*

Diese Gewaltlosigkeit ist es, welche die Lehre von Jesus Christus seit damals von allen andern Religionen abhebt, ganz besonders auch vom alttestamentlichen Judentum. Man soll seine Feinde lieben? Wie bitte? Dieser Gedanke hat in den zweitausend Jahren, seitdem er ausgesprochen wurde, noch nicht sehr Fuss gefasst. Soll das doch einer zu den Kriegsparteien in Syrien sagen! Gut, das sind nur zum kleineren Teil Christen. Und doch wäre das wahrscheinlich die einzige Alternative zu Tod und Verderben.

Indem Christus die Liebe in das Zentrum seiner Lehre stellt, setzt er einen diametralen Gegenpunkt zum schlimmsten aller Übel, unter dem die Menschheit seit jeher leidet, dem Egoismus. Oft verbirgt er sich hinter dem Deckmantel „Interessen", z.B. „national interests", und dient als Legitimation für alle möglichen Massnahmen bis hin zum Vernichtungskrieg. Egoismus ist daher das wirkliche Erbübel des Menschen. Er ist aber nicht die Folge des biblischen Sündenfalls, sondern einfach von der Herkunft des Menschen her gegeben. Das Tier hat nur einige wenige, dafür aber deutlich ausgeprägte Triebe wie den Selbsterhaltungtrieb (Egoismus!), den Fortpflanzungs (Sexual-)trieb, den Herdentrieb usw. Diese Urtriebe haben sich im Verlauf der Evolution leider nicht stark verändert und kommen immer wieder zum Ausdruck. Die Liebe, die wirkliche Liebe stellt den Andern in den Mittelpunkt, der Egoismus hingegen das eigene Ich. Habgier, Hass, Neid, Rassismus, Machthunger, Geiz, Geltungssucht usw. sind alles auf irgendeine Art Ausdrucksformen des Egoismus. Dieser beginnt beim Einsteigen in die Strassenbahn und führt stufenlos über die Steuerhinterziehung bis hin zum Raubmord und Eroberungskrieg. Wenn vom Teufel, vom Satan die Rede ist, sei es in der Bibel oder anderswo, handelt es sich bei genauem Hinschauen immer um den Egoismus. Die Kirchen sind davon nicht ausgenommen. Auch da gibt es Machtstreben und Geltungssucht, also Egoismus. Es wird nicht nur missioniert, um die Seelen der armen Heiden zu retten, sondern man verspricht sich davon auch das Wohlwollen Gottes für die eigene Seele. Man hofft dank der Bekehrung der Ungläubigen auf eine Zukunft im Himmelreich - also purer Egoismus.

Bibeltreue Menschen mögen einwenden, das stimme alles nicht; der Mensch stamme nicht vom Tier ab, sondern sei im Sinne der Genesis von Gott als sein Ebenbild geschaffen worden. Was für eine Anmassung und Einbildung! Woher kommen denn all die üblen Eigenschaften? Aber es ist im Grunde einerlei, wie wir zu diesem Problem gekommen sind. Tatsache ist, dass es besteht.

Wenn alle Menschen die Lehre Christi wörtlich nähmen, hiesse das, dass es alle diese Ausdrucksformen des Egoismus nicht mehr gäbe und damit keine Armut und vor allem keine Kriege, denn die Erde würde – zumindest bei der heutigen Bevölkerungszahl – genug hergeben, um allen ein anständiges Leben zu ermöglichen, wenn auch nicht in dem Überfluss, in welchem wir heute in Mitteleuropa, in den USA usw. leben. Das ist Christentum „in der Nussschale".

Dieser menschliche Egoismus hat fatale Auswirkungen. Er ist nicht nur die Ursache für Streit und Krieg; es geht noch viel weiter. Die ganze Geschichte mit dem Klimawandel ist im Grunde nichts anderes als eine Folge des Egoismus. Jeder will mindestens so viel wie die andern und ist nicht dazu bereit, auf etwas zu verzichten, wenn es die andern nicht auch und wenn möglich vor ihm tun. Jeder sagt sich, dass er als Einzelner in der Masse die Klimabilanz ja doch nicht zu beeinflussen vermag, auch wenn er sich noch so umweltbewusst verhalten würde. Man spekuliert lieber auf zukünftige „umweltfreundliche Technologien", statt sich einzuschränken. Doch die neuen Technologien werden ausgenützt, um entweder den erreichten Status aufrecht zu erhalten oder gar zu steigern. Ein klassisches Beispiel ist das Handy. Hier wird laufend ein nicht existierender Bedarf generiert. Es wird uns erklärt, diese neuen Möglichkeiten führten uns in eine „bessere Welt". Mag sein, dass die digitale, virtuelle Welt dadurch wirklich verbessert wird und auch der Umsatz der das Produkt vertreibenden Unternehmung. Wenn ich aber sehe, wie noch jahrelang brauchbare Geräte im Müll landen, einfach weil neue Produkte noch ein paar Schnickschnacks mehr bieten, die man bis anhin nie vermisste, dann bin ich nicht so sicher, ob das auch für unsere reale Welt gilt. Es wird gern vergessen, dass die Weltwirtschaft ein Vehikel ohne Rückwärtsgang, mit beschränkter Lenkung und schwachen Bremsen ist.

Das ist die einfache Ursache dafür, dass es wohl nie gelingen wird, eine wirkliche Wende herbeizuführen. Es fehlt die Bereitschaft zum Verzicht. Bestärkt wird dieses Verhalten dadurch, dass sich das Unheil auf leisen Pfoten nähert und erst wenige harte Schläge ausgeteilt hat. Auf solche erfolgt jeweils ein kurzer Aufschrei, und alles wird in Frage gestellt. Aber das hält in der Regel nicht lange an; die Trägheit, die Bequemlichkeit, das Beharrungsvermögen - oder eben, die Gier nach dem eigenen kurzfristigen Vorteil - hat uns bisher immer wieder eingeholt.

Bezeichnenderweise war im Anschluss an die Pariser Klimakonferenz von 2015 im Tages-Anzeiger ein Artikel zu lesen unter dem Titel „*Wirtschaft bekämpft Klimaziele des Bundes*" (15. Dezember 2015). Aber wenn das Problem dann einmal in seiner ganzen Ungeheuerlichkeit unmittelbar vor uns steht, nicht mehr nur aus Zeitungspapier und Fernsehreportagen über schmelzende Gletscher bestehend, ist es wahrscheinlich zu spät.

Aber was hat das mit Christus zu tun? Er hat erkannt, dass die Abwendung vom Egoismus und die Hinwendung zur Nächstenliebe der einzige Weg ist, um die Zukunft der Menschheit auf diesem Planeten zu sichern. Er hat uns den Weg gewiesen, den Grundstein gelegt. Das ist das zeitlos Grosse an seiner Lehre, auch wenn es in der Bergpredigt etwas umständlich ausgedrückt wird.

Damit, dass er die Nächstenliebe über alles andere stellt, setzt sich Christus über manche Thesen des Alten Testamentes hinweg. Wo diese Liebe fehlt, ist kein echtes Christentum. Mit der Liebe ist untrennbar die Toleranz verbunden. Gegenüber einem Menschen, den man liebt, kann man nicht intolerant sein. Und wenn man alle Menschen liebt, ist die Toleranz grenzenlos. Keine Kriege mehr… Was für ein Wunschbild… Das bedingt unter anderem den Respekt vor anderen Meinungen und Wertungen, vor den Problemen des Andern, unbesehen von dessen Herkunft, ob Putzfrau oder Professor, Schwarz oder Weiss, reich oder arm, katholisch oder neuapostolisch, Christ oder Muslim. Davon spürt man allerdings gerade bei zahlreichen Exponenten jeder Glaubensrichtung oft nicht viel. Bei denen, die ihren Glauben besonders lautstark zu verkünden bestrebt sind, überwiegt die Selbstgerechtigkeit nur allzu oft die Nächstenliebe. Dabei würde es schon reichen, wenn wir unsere Feinde zwar nicht lieben, aber ihnen entgegenkommen, versuchen, ihren Standpunkt zu akzeptieren, auch wenn wir vielleicht manches nicht verstehen. Der Heilige Benedikt sagt dazu: *„Wenn dein Bruder Böses tut, bekämpfe das Böse, aber liebe den Bruder".* Der Abt *„schneide die Fehler seiner Mönche klug und liebevoll weg"* (RB 64, 14). Die hohe Kunst des Differenzierens im frühen Mittelalter! Oder: *„Ich war fremd, und ihr habt mich aufgenommen"* (RB 53, 1 f.), ein Satz, der heute ungeahnte Aktualität besitzt.

Viele Theologen halten die Auferstehung als den Kern der christlichen Botschaft, so. z.B. Walter Nigg in „Die Hoffnung der Heiligen". Das ist falsch. Sündenvergebung, Auferstehung, ewiges Leben sind Wünsche des Individuums, also Egoismus. Die Kernbotschaft aber, die Existenzberechtigung des Christentums überhaupt richtet sich nicht auf das Ego, sondern auf denn Nähsten. Es ist die Nächstenliebe, die Toleranz, das Verzeihen (die Bergpredigt; „Wer von euch ohne Sünde ist, der werfe den ersten Stein.", Joh. 8,7 etc.).

Das Bild, das wir von Jesus erhalten, ist vielseitig. An anderer Stelle treibt der „Gottessohn" einen Keil in die Familie (Lk 14. 26: *„Wenn jemand zu mir kommt und nicht Vater und Mutter, Frau und Kinder, Brüder und Schwestern, ja sogar sein eigenes Leben gering achtet* (andere Übersetzungen: hasst), *dann kann er nicht mein Jünger sein. ").* Oder gar in Matth. 10, 34-37: *„Denkt nicht, ich sei gekommen, um Frieden auf die Erde zu bringen. Ich bin nicht gekommen, um Frieden zu bringen, sondern das Schwert. Denn ich bin gekommen, um den Sohn mit seinem Vater zu entzweien und die Tochter mit ihrer Mutter und die*

Schwiegertochter mit ihrer Schwiegermutter, und die Hausgenossen eines Menschen werden seine Feinde sein (stimmt leider!).

Wer Vater oder Mutter mehr liebt als mich, ist meiner nicht würdig, und wer Sohn oder Tochter mehr liebt als mich, ist meiner nicht würdig…. Wer das Leben gewinnen will, wird es verlieren, wer aber das Leben meinetwegen verliert, wird es gewinnen."

Der letzte Satz kann auf viele Arten ausgelegt werden. Mir weckt er ungute Assoziazionen an die Selbstmordattentate islamistischer Fundamentalisten. Dieser Extremismus ist ein weiterer Berührungspunkt zwischen der Bibel und dem Islam. Da dringt wieder die bedingungslose Unterodnung, das absolute Primat des Alten Testamentes an die Oberfläche, Eifersucht wie Gott in den zehn Geboten, Egoismus…. Von Differenzieren ist da nicht mehr viel zu spüren. Jesus provoziert die Juden, bis sie Steine nach ihm schmeissen (Joh. 10, 31). Es steht zwar nirgends geschrieben, dass Jesus Steine zurückgeschmissen habe, aber ich kann mir diese Szene vorstellen; ein paar Kraftausdrücke könnten die Steine durchaus begleitet haben. Kurzfristig stand da nicht gerade die Nächstenliebe im Vordergrund. Aber gerade diese Szene macht mir Jesus sympathisch, menschlich. Das ist kein Gott oder Halbgott, sondern einer, der sich in menschliche Auseinandersetzungen, in Widersprüche einlässt.

In den Evangelien werden die Taten und Werke von Christus beschrieben. Darunter befinden sich zahlreiche „Wunder". Die Menschen waren zu jenen Zeiten ausgesprochen wundergläubig (vgl. die ganze antike Mythologie). Da passen die in den Evangelien dargestellten Wundertaten Christi hervorragend hinein. Es ist aber auch zu bedenken, dass etwas, das der Macht der Imperatoren und Konsuln zu widerstehen hatte, in der Lage sein musste, Dinge zu vollbringen, die jene nicht schafften. Und so fanden die Wunder Eingang in die seinerzeitigen Erzählungen, Überlieferungen, Predigten und schliesslich in die Schriften, welche diese mehr oder weniger wortgetreu festhielten. Das ändert nichts an der Tatsache, dass verschiedene dieser Wundergeschichten, so besonders die von Weihnachten, wunderschön, ja, *wunder*schön sind. Und die Kreuzigung Jesu ist eine tiefsinnige und bewegende Geschichte. Oder in der bildenden Kunst die Krönung Marias, dargestellt z.B. im Schnatterpeck-Altar in Niederlana (Südtirol)!

Das erstaunlichste dieser Wunder ist zweifellos die Auferstehung Christi von den Toten. Äusserlich ist es eine der wichtigsten Grundlagen des christlichen Glaubens. In 1 Korinther 15, 3 - 8 schildert der Apostel Paulus dieses Ereignis etwa um das Jahr 36 n.Chr. Gemäss Paulus bestehen „Zeugenaussagen" für die Auferstehung Christi. Gegenüber solchen habe ich auf Erfahrung beruhende persönliche Vorbehalte. Als ausschlaggebende Grundlage für eine Religion erscheint mir das jedenfalls mehr als dürftig. Damit sage ich nicht, dass diese Auferstehung nicht stattgefunden habe, sondern nur, dass ich diese für wenig wahrscheinlich halte. Man sieht gern, was man sehen möchte. Zudem bestehen heute medizinisch fundierte Theorien, wonach Jesus bei der Abnahme vom Kreuz nicht tot, sondern nur bewusstlos gewesen sein soll, dargestellt u.a. im Tages-Anzeiger-Magazin Nr. 16, 20.4.2019.

Die Vorstellung der unbefleckten Empfängnis Marias bereitet mir besondere Mühe. Nicht etwa nur wegen der damit verbundenen biologischen Absonderlichkeiten, sondern weil damit insinuiert wird, dass jede „normale" Empfängnis „befleckt" sei. Das ist eine Herabwürdigung des grössten, wirklichen Wunders, nämlich das der Weitergabe des Lebens. Die Erklärungsversuche der Theologie für diese Schilderung in der Bibel sind oft weit hergeholt, realitätsfremd und entsprechen kaum dem, was die ursprünglichen Verfasser dieser Texte damit sagen wollten. Ihnen ging es wohl eher darum, die Besonderheit Jesu von Anbeginn an hervorzuheben. Dass Götter Kinder bekommen können, kennen wir aus der antiken Mythologie. Jesus ist das einzige derselben, das bis heute überlebt hat. Mit diesem Jesus, seiner angeblichen Herkunft und Entstehung, wurde die Grundlage für eine arg verfehlte Entwicklung des Sexualwesens gelegt.

Um den Gedanken der Nächstenliebe unter die Menschen zu bringen, war es wohl kaum nötig, Gottes leiblicher Sohn zu sein – obwohl das sicher dazu geeignet war, der Sache Nachdruck zu verleihen - mit allem mystischen, mit der täglichen Lebenserfahrung im Widerspruch stehenden Drum und Dran wie der unbefleckten Empfängnis, den Wundern, der Auferstehung usw. Die Gedanken sind göttlich. Reicht denn das nicht?

Solche und ähnliche Gedanken sind nicht neu. Sie wurden unter andern schon von Giordano Bruno im 16. Jahrhundert vertreten. Es gibt heute eine Giordano Bruno-Stiftung, der zahlreiche namhafte Wissenschaftler der verschiedensten Richtungen angehören und die eine humanistische, religionskritische Ausrichtung vertritt.

Wenn wir diesen Jesus Christus etwas kritisch betrachten, fällt uns viel Widersprüchliches auf. Aber Gott gab uns die Gabe des Unterscheidens, des Differenzierens, wie schon dem Heiligen Benedikt vor tausendfünfhundert Jahren. Wollen wir doch auch im „Fall Jesus" davon Gebrauch machen und die wertvollen Teile erhalten, denn es gibt sie tatsächlich.

5 Literatur

Vielleicht habe ich doch nicht alles richtig verstanden; nicht umsonst dauert das Theologiestudium mehrere Jahre. Was tut ein Laie in einem solchen Fall? Er versucht, seine Bildungslücken zu schliessen, indem er Zuflucht zu Schriften Sachkundiger nimmt, die sich intensiv mit diesen Fragen befasst haben. Meine Auswahl ist eher zufällig, weil ich Rezensionen von diesen Büchern gelesen habe oder weil sie mir von Freunden empfohlen wurden.

Erste Feststellung: Das Angebot ist reichhaltig und vielfältig und reicht von penetrant-militanten Glaubensbekenntnissen (Thürkauf) bis zur völligen Demontage der christlichen Religion (Kubitza; Hillebrand). Es waren dies hauptsächlich die folgenden Werke:

Ein bibeltreues Christentum vertreten:

- Hans Küng, „Was ich glaube",
- Martin Werlen, „Heute im Blick",
- Anselm Grün, „Womit habe ich das verdient?",
- Burkhard Ellegast, „Der Weg des Raben",
- Max Thürkauf, „Unruhig ist unser Herz",
- Manfred Lütz, „Der Skandal der Skandale",
- Walter Nigg, „Die Hoffnung der Heiligen".

Auf der Gegenseite stehen:

- Richard Dawkins, „Der Gotteswahn",

- Heinz-Werner Kubitza, „Der Jesuswahn – wie die Christen sich ihren Gott erschufen",
- Uwe Hillebrand, „Warum glaubst du noch – Lehren der christlichen Kirchen unter dem Gesichtspunkt der Logik",
- Rainer Schepper, „Das ist Christentum".

Dazwischen stehen:

- Arnold Benz und Samuel Vollenweider, „Würfelt Gott?",
- Alain de Botton, „Religion für Atheisten" und
- Yuval Noah Harari, „Eine kurze Geschichte der Menschheit".

Die Bibelzitate sind der Einheitsübersetzung, herausgegeben im Auftrag der Bischöfe Deutschlands, Österreichs und der Schweiz etc., für die Psalmen und das Neue Testament auch im Auftrag des Rates der Evangelischen Kirche in Deutschland etc., Herder 2008, entnommen.

Es fällt auf, dass auf beiden Seiten Theologen stehen (Kubitza, der das Christentum in Bausch und Bogen verdonnert, ist Theologe). Und auf beiden Seiten stehen Wissenschaftler (Thürkauf und Hillebrand sind, resp. waren Chemieprofessoren). Es geht also nicht um den Streit unter verschiedenen Fakultäten, zwischen Theologie und Naturwissenschaften; der Riss verfolgt eine andere Linie. Des weiteren ist mir aufgefallen, dass ich kein Werk finden konnte, das sich um eine objektive Auseinandersetzung mit diesen Fragen bemüht, ausser vielleicht dasjenige von Benz und Vollenweider. Es tendiert in die Richtung der

Religion, vermeidet allerdings klare Aussagen und entführt uns schliesslich in das Reich der Utopie.

De Botton geht wohlwollend kritisch mit den Religionen um und erkennt viel Gutes an ihnen. Er ist zwar bemüht, die positiven, erhaltenswerten Besonderheiten der Religionen herauszuschälen, und er tut das auf bewundernswert analytische und auf die für diesen Autor typische, elegante Weise. Aber er geht von der für ihn feststehenden Basis aus, dass es keinen Gott gibt (*„Meine Gewissheit, dass es keinen Gott gibt, geriet nie ins Wanken."* Kap. 1, 3, Seite 14). Ohne weitere Grundangabe.

Das Buch von Thürkauf erweckt unsere Skepsis schon in den ersten Zeilen des Vorwortes, wo der Zoologieprofessor Joachim Illies zitiert wird. Illies ist Mitunterzeichner des „Heidelberger Manifestes" vom 17. Juni 1981, das vor der *„Überfremdung des deutschen Volkstums…"* durch asiatische Einwanderer warnt, ein rassistisch gefärbtes Dokument, das Wasser auf die Mühlen rechtsextremer Strömungen goss. Genau so absolut wie de Botton die Existenz Gottes verneint, ist sich Thürkauf deren sicher (Seite 86: *„Der Herr wird ganz gewiss sein Wort halten!"* oder Seite 91: *„Gottes Treue ist bedingungslos…."*). Die Milliarden an Opfern all der Gräuel, die wir in Kapitel 1 aufgezählt haben, sahen das wohl anders.

Richard Dawkins wendet sich grundsätzlich gegen Religionen aller Art und bestreitet deren Nutzen anhand vieler Beispiele. Die Religion habe keinerlei Einfluss darauf, ob ein Mensch „gut" oder „böse" sei. *„Ich schätze die Wahrscheinlichkeit der Existenz eines Gottes als sehr gering ein…"*, schreibt er. Dabei ist zu beachten dass er dies nicht zum Faktum macht wie viele andere Autoren, sondern eine wenn auch geringe Möglichkeit offen lässt, wonach es doch einen Gott geben könnte. Dawkins ist sehr belesen, wohl daher ist sein Buch sehr ausführlich, um nicht zu sagen langfädig. Eines ist ihm entgangen: Der Spruch Napoleons vor einer Schlacht, als er seine Befehle an seine Generäle wie folgt einleitete: *„Messieurs, je n'avais pas le temps pour être plus court."*

Die bereits zitierten Kubitza und Hillebrand zerzausen die christliche Religion restlos mit Hilfe logischer und kritischer Überlegungen, denen vom sachlichen Gesichtspunkt aus kaum etwas entgegengehalten werden kann. Aber ist das der Weisheit letzter Schluss? Macht das Sinn? Oder geht mit dieser Zerstörung nicht gleichzeitig viel Anderes, Wertvolles kaputt? Wo liegt da die Wahrheit?

Die Bücher von Martin Werlen und Burkhard Ellegast halten an den Prinzipien der katholischen Kirche fest, aber sie sprechen einer massvollen Erneuerung das Wort. Sie zeugen von grosser Lebenserfahrung und sind menschlich. Sie machen nichts kaputt, sondern zeigen Wege auf. Martin Werlen spricht Klartext mit konservativen kirchlichen Würdenträgern, deren Beharrungsvermögen sich auf den Erhalt von Macht und antiquierten Traditionen und Pfründen anstelle wirklicher Seelsorge fokussiert. Auch in politischen Fragen, so in Bezug auf den Nahostkonflikt Israel/Palästina oder die weltweite Vermögensverteilung und die daraus resultierenden Gefahren, beweist Werlen einen scharfen Blick. Seite 113: *„Warum merken wir nicht, dass genau die Heilige Familie, also die Idealfamilie, nur ein Kind hat, und der Vater nicht der leibliche Vater ist – und dazu noch Migranten?"* Eine geballte Ladung in einem einzigen Satz!

Obwohl ich in manchen Punkten nicht der gleichen Meinung bin wie die Autoren, würde ich diese beiden Bücher aufgrund ihres menschlichen Inhalts empfehlen. Auch das Buch von Walter Nigg („Die Hoffnung der Heiligen") enthält viel Gutes, zielt aber am Schluss daneben, wo er die Auferstehung als Kern der christlichen Botschaft bezeichnet.

Manfred Lütz („Der Skandal der Skandale") besitzt einen ausserordentlich breiten Bildungshintergrund. Er ist Arzt, Psychiater, Psychotherapeut und katholischer Theologe. Für die Beurteilung seiner Bücher ist es wichtig, zu wissen, dass er verschiedene beratende Funktionen im Vatikan bekleidet. Das erwähnte Buch setzt sich mit den Vorwürfen auseinander, die gegenüber der katholischen Kirche im Zusammenhang mit der Inquisition, der Mission, den Religionskriegen, den Skandalen im Vatikan usw. erhoben wurden. Der Leser wird mit einem Trommelfeuer an Zitaten eingedeckt und ist gegen Ende des Buches geneigt, seine Meinung, die ihm im Geschichtsunterricht beigebracht wurde, zu revidieren und die Position des Autors zu akzeptieren, wonach die Kirche fast immer unschuldig an den begangenen Gräueln war.

Nun steht dem aber frontal das Buch von Rainer Schepper gegenüber („Das ist Christentum"), das die Verbrechen der Kirche in 1526 Fällen namentlich aufzeichnet und eine ausführliche Schilderung von Einkerkerung, Folter und Hinrichtung liefert. Wo liegt nun die Wahrheit? Wir können nur vermuten, dass sie irgendwo dazwischen liegt; genau werden wir es nie wissen. Immerhin hat Papst Johannes Paul II im Jahre 2000 die Verfehlungen der Kirche weitgehend anerkannt („Mea culpa"). Der verbleibende Teil ist schlimm genug.

Schliesslich handelt Manfred Lütz auf ganzen 20 von rund 300 Seiten jene Themen ab, die uns in der Gegenwart brennend beschäftigen, nämlich Frauenrechte, Zölibat und Kindsmissbrauch. Und da erweist sich auch Lütz als Meister in der Kunst der Auslassung. Wohl zitiert er den Galaterbrief des Apostels Paulus, in welchem dieser sagt: *„Da gibt es nicht mehr Juden und Griechen, Sklaven und Freie, Mann und Frau. Denn ihr alle seid einer in Christus Jesus."* (Gal. 3.28), also Gleichberechtigung. Aber es findet sich keines jener Worte dieses Apostels, mit denen er im bereits zitierten 1. Korintherbrief der Frau die sozialen Rechte abspricht und ihr die Stellung einer zweitrangigen Menschenkategorie zuweist und die bis auf den heutigen Tag die Schuld für unendliches Leiden, Missbrauch und Ungerechtigkeit tragen. Geradezu zynisch mutet der letzte Satz dieses Kapitels an, der wie folgt lautet: *„Vor allem würde dann der Blick dafür frei, dass staatliche und kirchliche Macht für Christen immer schon nicht besonders erstrebenswert waren, sondern eher Gefährdung des eigenen Seelenheils."* Rührend, wie sich die katholische Kirche um das Seelenheil der Frauen besorgt zeigt, indem sie ihnen die wichtigsten Ämter vorenthält!

Mit ähnlich schalen Argumenten wird das Zölibat verteidigt. Einen möglichen Zusammenhang zwischen Zölibat und sexuellem Missbrauch sieht der Autor nicht. Im Gegenteil, als um 1970 namhafte Sexualpsychologen eine Entkriminalisierung der Pädophilie zur Diskussion stellten, sei die katholische Kirche *„fast die einzige gesellschaftliche Institution gewesen, die bei diesem Thema Widerstand leistete…"*. Und *„Pädophile, die sich gezielt Berufe suchten, die sie mit Kindern in Berührung bringen, hatten es vergleichsweise leicht,* *wenn sie sich als Priester Kindern und Jugendlichen gegenüber sexuell auf-geschlossen verhalten wollten.* " Das heisst, die Pädophilen gab es schon immer; sie missbrauchten die Institutionen der katholi-schen Kirche zur Erleichterung ihres verbrecherischen Tuns. Somit trägt die katholische Kirche weder Schuld noch Verant-wortung. Vom Dokument „Crimen sollicitationis" aus dem Jahre 1922, wonach allen Geistlichen, die Kenntnis von einem Missbrauchsfall hatten, *„strengste Geheimhaltung gegenüber der Öf-fentlichkeit"* vorgeschrieben war, steht kein Wort in diesem Buch (mehr dazu in Kapitel 13). Solches erstaunt, wenn man weiss, dass Lütz seit 2006 dem Arbeitsstab des Seelsorgeamtes für die Bearbeitung und Prüfung von Fällen von sexuellem Missbrauch Minderjähriger durch Geistliche und Laien im pastoralen Dienst angehört.

Im Zusammenhang mit der Geburtenkontrolle wird jeder Hin-weis auf das Problem der Bevölkerungsexplosion in den ärms-ten Ländern vermieden. Auch hier trägt gemäss Lütz die katho-lische Kirche weder Schuld noch Verantwortung. Hingegen wird der wohl dümmste Ausspruch des von mir sonst geschätz-ten Papstes Franziskus zitiert (*„Katholiken müssen sich nicht vermeh-ren wie die Kaninchen."*).

Mit solchen und ähnlichen Äusserungen und vor allem Auslas-sungen sackt das in diesem Buch anfänglich aufgebaute Bild der Objektivität und einer im wahrsten Sinne christlichen Kirche in sich zusammen. Man fragt sich, ob auch die im geschichtlichen Teil aufgeführten Zitate einer dermassen zweckorientierten Auswahl unterlagen und gewinnt schliesslich den Eindruck, dass es sich bei diesem Buch um eine Auftragsarbeit handeln könnte.

Das Buch von Harari stellt keine Behauptungen auf, qualifiziert nicht und weist keine Verantwortung zu. Doch es stellt die Religionen in einen geschichtlichen Zusammenhang, der einleuchtet. Von Harari stammt die folgende konzentrierte Definition des Begriffs Religion:

> *„Religion lässt sich als ein System von menschlichen Normen und Werten definieren, die sich auf einen Glauben an eine übermenschliche Ordnung abstützen."*

Eigentlich ist hier nicht der Ort für Buchrezensionen. Wo angezeigt, zitiere ich Stellen aus diesen Büchern mit entsprechendem Quellenhinweis.

Behauptung steht hier gegen Behauptung. Angesichts dieser krassen Gegensätze bleibt uns nichts anderes übrig, als weiter auf dem beschwerlichen Weg der eigenen Meinungsbildung fortzufahren.

6 Glauben

Nach all dem stellt sich die Frage, was wir denn jetzt eigentlich glauben sollen.

Tatsächlich wird sehr viel geglaubt und über Glauben geredet, aber weniger nach Sinn und Inhalt dieses Wortes gefragt. Daher ist es vielleicht keine schlechte Idee, sich einmal zu fragen, was dieser Begriff in der Umgangssprache überhaupt bedeutet, bevor man sich in einen „Glaubenskrieg" einlässt. Dabei macht man die bemerkenswerte Feststellung, dass in diesem vielfach verwendeten Wörtchen immer und ausnahmslos ein gewisses Mass an Unsicherheit steckt. Nur in der Religion scheint es anders zu sein, da gilt alles als todsicher, als zwingend. Schauen wir uns ein paar Beispiele an:

„Ich glaube, morgen ist schönes Wetter"

„Ich glaube, das war vor etwa drei Wochen"

„Ich glaube, das genügt"

„Eine unglaubliche Geschichte"

„Aberglaube"

„Du musst mir glauben, dass ich das nicht war"

„Nach Treu und Glauben…"

usw.

Aber:

„Mein Glaube ist unerschütterlich"

Umgangssprachlich reicht der Sinn dieses Begriffs von der reinen Vermutung, einer Wahrscheinlichkeit *(„Ich glaube, morgen ist schönes Wetter")* bis hin zum Ausdruck des Vertrauens *(„Nach Treu und Glauben")*, in der Religion aber noch weiter, bis zur unbedingten Überzeugung von einer Sache *(„Mein Glaube ist unerschütterlich")*. Wenn ich meiner Wetterprognose sicher wäre, würde ich sagen: *„Morgen ist schönes Wetter."* Da ich es aber nicht bin, schwäche ich die Gewährleistung mit dem Zusatz *„ich glaube"* ab. Im religiösen Bereich hingegen wird „Glaube" zum Dogma umgewandelt, zum Imperativ. „Du musst glauben", tönt es in der Kirche von der Kanzel herab, an Gott, an Jesus, an die „Heilige Schrift", an die Wunder, an die Auferstehung, an das ewige Leben. An dieses „musst" wird gerne ein Nebensatz, beginnend mit „sonst" angehängt, eine unverholene Drohung. Die Neuapostolischen glaubten einmal, die zweite Auferstehung finde noch zu Lebzeiten ihres damaligen Stammapostels statt, des Ranghöchsten ihrer Glaubensgemeinschaft. Teilnehmer an dieser Veranstaltung wären selbstverständlich ausschliesslich die Neuapostolischen gewesen. Welche Enttäuschung, als sich beim Tod dieses Stammapostels keine einzige Wolke bewegte.

Im Buch von Thürkauf findet sich der Satz:

„Zur Wahrnehmung der Offenbarungen Christi bedarf es der stärksten Kraft, die dem menschlichen Geist zur Verfügung steht: des Glaubens." (Thürkauf, S. 212).

Es ist unglaublich, was und wie man glauben kann….

Das führt zur Feststellung, dass Glauben eine ganz bestimmte Art der Reaktion des menschlichen Gehirns auf eine Information ist, und dass es daneben noch andere gibt. Man könnte diese Arten grob in vier Stufen aufteilen:

- Das Wissen,
- Das Glauben oder der Glaube,
- Die Toleranz, der Respekt und das „gelten lassen,"
- Das Ablehnen.

Natürlich liesse sich diese Skala feiner unterteilen, so etwa wie dies Dawkins in seinem Buch „Der Gotteswahn" tut (7 Stufen). Aber Dawkins stuft mit seiner Skala einzig die Einstellung zu einem Glauben an einen Gott ab, während ich mit obiger Aufteilung eine generelle Abstufung der menschlichen Wahrnehmung meine.

Das Wissen ist das Beweisbare, die Logik, das Einmaleins, das gesicherte Wissen. Da hinein gehört wohl eher die Mathematik als die Religion. Mein Mathematikprofessor guckte mich jeweils über den Brillenrand hinweg an, wenn ich ihm das Ergebnis meiner Bemühungen um eine Lösung mit den Worten „ich glaube" eröffnete.

Wenn man etwas nicht mit aller Sicherheit weiss (wie ich die Lösungen meiner Mathematikaufgaben), aber dennoch davon überzeugt ist, ersetzt man den entsprechenden Teil der Information durch den Begriff „Glauben". Glauben ist eine persönliche Einstellung zu Dingen, die man nicht weiss (vielfach aber gerne wissen möchte). Niemand muss glauben (Lessing,

„Nathan der Weise": *„Kein Mensch muss müssen")*. Und auch wenn man felsenfest an etwas glaubt, sollte man sich immer bewusst sein, dass man es glaubt, nicht aber weiss. So besehen steht keinem Menschen das Recht zu, einen andern von etwas überzeugen zu wollen, das er selbst glaubt, aber nicht weiss. Für die Kirchen, vor allem für die Mission, wird es da schwierig.

Die im Begriff „Glauben" enthaltene Unsicherheit wird spürbar, wenn es um Dinge geht, die nicht so recht mit unserer alltäglichen Lebenserfahrung in Einklang zu bringen sind, so Marias unbefleckte Empfängnis, die Auferstehung Jesu, seine Wanderung auf dem Wasser (Mk 6.45) usw. Sicher, die Kirche verkündet das, aber man weiss doch nicht so recht…. Ich soll etwas glauben, das mir bei genauerem Nachdenken immer fragwürdiger erscheint? Wozu hat mir Gott denn meinen Verstand gegeben und die Fähigkeit, aus meinen Erfahrungen zu lernen?

Diese Verunsicherung kann zu einem schlechten Gewissen führen, weil man sich im Glauben an diese Dinge nicht sicher fühlt und daher zweifelt, was man ja nicht sollte. Aber sind nicht eigentlich diejenigen, die zweifeln und Fragen stellen, vielleicht die, welche im wahrsten Sinne des Wortes „glauben", weil ihr Glaube den Zweifel zulässt? Vielleicht erinnern sich diese „Gläubigen" auch daran, dass man sie in ihrem Leben manches glauben machte, das sich später als unwahr erwies. Und die Vielfalt der Religionen verwirrt. Glauben im Sinne von „für richtig halten" kann man ja wohl nur an eine. Und da alle behaupten, die ihrige sei die richtige, wird es auch da schwierig.

Peinliche Gefühle befallen mich, wenn sich der Redner in der Kirche mit dem Leben nach dem Tod befasst, wie das bei Abdankungsfeiern fast regelmässig der Fall ist. Da werden den Zuhörern Dinge in Aussicht gestellt, die sich ausschliesslich auf Bibeltexte abstützen (oder nicht einmal). Es werden Bilder vom Jenseits ausgemalt, ein ewiges Leben und ein Wiedersehen im Himmelreich versprochen – ausschliesslich auf der Grundlage des Glaubens. Die schwächste Stunde des Menschen, die der Trauer, wird dazu missbraucht, ihn von diesem ewigen Leben zu überzeugen.

Damit stösst man auf die uralte Frage, was nach dem Tod mit uns passiert. Natürlich verstehe ich, dass immer wieder versucht wird, diese unerträgliche Wissenslücke zu füllen. Was eignet sich dazu besser als die Ersatzstufe des Wissens, nämlich der Glaube? Dem, der uns in grossartigen Kirchenräumen, in prächtige Gewänder gehüllt und von Bachs Kantaten untermalt etwas so Schönes verspricht wie ein herrliches, ewiges Leben im Himmelreich ohne Leiden und Kümmernisse, fliegen die Herzen natürlich zu; man schenkt ihm Glauben.

Nichts würden wir so gerne wissen wie das, was nach dem Tod mit uns passiert. Aber wenn Gott gewollt hätte, dass wir das wissen, dann hätte er uns dieses Wissen gegeben, denn er ist ja allmächtig. Also wollte er das nicht. Auch das ist Gottes Wille. Wer an Gott glaubt, muss auch diese Tatsache demütig akzeptieren.

Der Wunsch, dass es nach dem Tod nicht endgültig zu Ende sei, ist so alt wie das Bewusstsein des Menschen über sein Wesen. Schon die Urvölker schufen sich ihre Gottheiten, ihren

Amun-Re, ihr Stonehenge und ihr Walhalla. Der Wunsch nach dem ewigen Leben kommt in der Form von Seelenwanderung resp. Reinkarnation sowohl im Buddhismus wie im Hinduismus vor. Und die Christen schufen sich dazu ihre Auferstehung. Allein die Unterschiede in diesen Vorstellungen zeigen, dass es hier kein Wissen, keine absolute Wahrheit gibt. Dinge, die man nicht weiss, aber gerne wissen möchte, lassen sich auch durch Millionen von Gläubigen nicht herbeiglauben oder -beten.

Wenn ich sage, dass wir nicht über das Wissen verfügen, was nach dem Tod mit uns geschieht, heisst das nicht, dass ich behaupte, es gebe kein ewiges Leben danach. Ich sage nur, wir wissen es nicht und werden es nie wissen.

Wie auch immer, uns bleibt nichts anderes übrig, als den Willen Gottes auch in dieser so zentralen Frage in Demut und Bescheidenheit anzunehmen. Mit dieser Erkenntnis, mich als winzigstes Teilchen dieses grandiosen Systems vertrauensvoll und demütig in dessen Werden und Vergehen zu fügen, worin auch immer dieses bestehen möge, habe schliesslich auch ich meinen ganz persönlichen Glauben gefunden.

Mein grösstes Problem mit den Kirchen ist es, dass sie die Demut nicht aufbringen, dieses Zugeben, nichts zu wissen und Gottes Wille und Verfügung restlos ausgeliefert zu sein. Sie stellen den Menschen Dinge in Aussicht, die sie niemals wissen können, weil Gott ihnen dieses Wissen nicht gegeben hat.

Goethe meinte dazu:

„Du hältst das Evangelium so, wie es steht, für göttliche Wahrheit. Mich würde eine vernehmliche Stimme aus dem Himmel nicht überzeugen, dass

das Wasser brennt und dass das Feuer löscht, dass ein Weib ohne Mann gebiert und dass ein Toter aufersteht. Vielmehr halte ich dieses für Lästerungen gegen den grossen Gott und seine Offenbarung in der Natur."

(Brief vom 9. August 1782 an Lavater)

Wahrheit und Wissen sind nicht deckungsgleich. Es ist nicht so, dass alles, was man nicht weiss, nicht wahr ist. Dinge können wahr sein, ohne dass wir sie wissen und beweisen können. Es gibt daher mehr Wahrheit als Wissen. Also können durchaus Dinge wahr sein, an die man glaubt, Betonung auf „können". Sie müssen es aber nicht. Wer sagt, sein Glaube verleihe ihm das Wissen, dass die Dinge so oder so seien, beispielsweise dass es ein ewiges Leben nach dem Tode gebe, versteht oder interpretiert diese beiden Begriffe falsch. Sein Glaube mag ihm die Überzeugung verleihen, dass es so sein könnte, niemals aber das Wissen. Mit dem Begriff „Wissen" muss man sorgfältig umgehen. Mit ihrem „Geheimnis des Glaubens" legt besonders die katholische Kirche einen Schleier (symbolhaft vermittelt durch den Weihrauch) über diese Grenze. Damit zaubert sie Dinge herbei, die wir eigentlich nicht wissen und vor allem nicht wissen können, und stellt sie als Tatsachen dar. Aber es handelt sich um einen künstlichen, von Menschen erzeugten Nebel.

Wohin „Glaube" führen kann, zeigt das Beispiel des ehemaligen britischen Premierministers Tony Blair. Er führte Grossbritannien in den Zweiten Irakkrieg, weil er an George W. Bush „glaubte". „*George, I am with you wherever you go*". Und: „*It's a matter of belief*", erklärte er damals. Mit diesem Glauben führte er sein Land in einen völkerrechtswidrigen Krieg, der 179 britischen

Soldaten und noch viel mehr Irakern das Leben kostete und den Mittleren Osten mit unabsehbaren Folgen destabilisierte.

Bisher haben wir uns nur mit den ersten beiden Stufen der Akzeptanz durch das menschliche Gehirn auseinandergesetzt, dem Wissen und dem Glauben. Nun gibt es aber noch die beiden weiteren Stufen. Da ist zunächst das andere Ende der Skala, die Ablehnung, das Bestreiten und Bekämpfen. Es gibt Menschen, die alle von der eigenen Glaubensrichtung abweichenden Religionen, alle andern Auffassungen über Gott und die Welt und was dazwischen liegt, strikt ablehnen. Dazu gehören die „Orthodoxen" und mehrere christliche Sekten. Für sie gibt es keine Stufe 3. Alles, was nicht ihrer Doktrin und ihrem Glauben entspricht, ist Stufe 4. Ein krasses Beispiel dafür sind die Pius-Brüder (Priesterbruderschaft St. Pius X) mit ihrer Intoleranz gegenüber andern Religionen, ja sogar innerhalb ihrer eigenen Konfession. Ihre Behauptung *„Als Männer Gottes verkünden wir ewige Wahrheiten…"* ist eine Anmassung. Toleranz war noch nie eine der Stärken monotheistischer (griech. monos = einer, einziger; theos = Gott) Religionen (Gott und Allah!) mit ihrem intoleranten Bekehrungswahn. Polytheistische (poly = viel) waren und sind weitaus toleranter, wenn auch innert gewisser Grenzen.

Vielleicht sollten wir uns die Ringparabel aus Lessings „Nathan der Weise" zum Vorbild nehmen, die das Verhältnis unter den Religionen auf unübertreffliche Weise charakterisiert. Auch wenn diese kleine Geschichte den meisten Lesern bekannt sein dürfte, möchte ich hier den Versuch einer Zusammenfassung unternehmen. In Lessings Drama erzählt Nathan diese Parabel dem Sultan als Antwort auf dessen Frage, welche der drei grossen Religionen nun eigentlich die richtige sei.

Ein reicher, alter Kaufmann hatte drei Söhne, die er alle gleichermassen liebte. Und er besass einen ausserordentlich schönen, wertvollen Ring. Die Söhne waren überzeugt, dass er diesen Ring demjenigen vermachen werde, den er am meisten liebte. So dachte auch der Kaufmann, aber je näher sein Ende rückte, desto schwieriger fiel ihm sein Entscheid, denn im Grunde liebte er alle gleich, einmal verärgerte ihn der eine, dann der andere, wie das so ist im Leben. Schliesslich begab er sich zu einem berühmten Goldschmied und liess dort zwei genau gleiche Ringe anfertigen. Die Arbeit gelang dem Goldschmied so gut, dass niemand, nicht einmal der Kaufmann selbst, die neuen Ringe vom Original zu unterscheiden vermochte. Als nun der Tod nahte, rief der alte Mann seine Söhne einen nach dem andern zu sich, übergab jedem einen Ring, sagte: "Du warst mir der Liebste! Hier hast du meinen Ring." und starb.

Das ist das schönste Beispiel dafür, dass religiöse Intoleranz und Glaubenskriege der grösste denkbare Unsinn sind – man bekriegt und vernichtet sich gegenseitig wegen etwas, das man gar nicht mit Sicherheit weiss, sondern nur glaubt. Orthodoxie im Zusammenhang mit Religion führt zur Ausgrenzung der Andersdenkenden. Von da führt eine ununterbrochene Rutschbahn zu Intoleranz, Fanatismus, Ungerechtigkeit und schliesslich Gewalt. Früher entstanden daraus Glaubenskriege, heute sind es Ausschreitungen und Terrorakte religiöser oder ideologischer Fundamentalisten. Intoleranz ist - zusammen mit dem Egoismus - das Grundübel, die wichtigste Ursache des dauernden Unfriedens auf der Erde.

Leider kann extremer Intoleranz nur mit Intoleranz begegnet werden. Auch Jesus zeigte sich gegenüber den Händlern im

Tempel nicht von seiner toleranten Seite und griff zu drastischen Massnahmen (Joh. 2, 13 – 16:

„…Im Tempel fand er die Verkäufer von Rindern, Schafen und Tauben und die Geldwechsler, die dort sassen. Er machte eine Geissel aus Stricken und trieb sie alle aus dem Tempel hinaus, dazu die Schafe und Rinder; das Geld der Wechsler schüttete er aus und ihre Tische stiess er um…").

Da hat er anscheinend ganz schön randaliert, von Toleranz ist nicht viel zu spüren. Die Schwierigkeit liegt offenbar im Problem des Masshaltens, um nicht seinerseits der Intoleranz zu verfallen.

Nicht nur die Religionen stehen in diesem Spannungsfeld. Dasselbe gilt für Ideologien, Rassen, Politik, Traditionen und Sitten, eigentlich für alle nicht wissenschaftlich mess- und beweisbaren Bereiche. Wo sich in diesen Bereichen eine Auffassung zum Fanatismus hin entwickelt, sind Diskussionen in der Regel unergiebig. Sich daraus entwickelnde, religiös oder ideologisch motivierte Konflikte verlaufen hartnäckig und grausam. Da man nicht in der Lage ist, zu beweisen, dass man im Recht ist, schlägt man dem andern lieber den Schädel ein, als einzuräumen, dass eventuell auch seine Betrachtungsweise ihre Berechtigung haben könnte.

Zwischen dieser Stufe Vier und der des Glaubens (Zwei) gibt es noch eine „Stufe Drei". Sie ist die wichtigste von allen, die der Toleranz, des „Gelten lassens". Ich muss etwas nicht felsenfest glauben, noch will ich es bestreiten. Da ich es nicht weiss, könnte es ja sein.… Diese Stufe ist nicht flach, eben, sondern steigt von der Nähe zu Stufe 4 - wo ich von der Ansicht meines Nächsten zwar nicht viel halte, ihn aber gewähren lasse und nicht versuche, ihn von seiner Meinung oder seinem Glauben wegzubringen - stufenlos an bis zu Stufe 2 hinauf (wie ja auch bei der Stufe 2, dem Glauben, wo es festeren und weniger festen Glauben gibt). Sie kann sich der Stufe des Glaubens sehr annähern bis zu dem Punkt, wo ich sage, ich habe zwar keine Beweise für etwas, doch es könnte – mangels eines Gegenbeweises – durchaus so oder so sein.

Somit ist derjenige kein Feind des religiösen Glaubens, der gewisse Lehren, welche die Kirchen verkünden, aus dem Gesichtswinkel der „Stufe drei" sieht und sagt, er glaube das nicht. Er lässt sie gelten und respektiert sie sogar. Wenn man nicht sicher ist, dass etwas so ist und es auch nicht glaubt, bedeutet das nicht Ablehnung. (Das ist praktisch – da ich nichts behaupte, bleibt mir der Beweisnotstand erspart). Gewisse Dogmen zu hinterfragen bedeutet nicht, sich von gewachsenen Kulturen und Traditionen gesamthaft abzuwenden.

Stufe drei ist das wichtigste Mittel, ja der Schlüssel für die Gestaltung eines friedlichen Zusammenlebens der Menschheit, von dem die Zukunft abhängt.

Eine interessante Aussage macht Hans Küng in seinem Buch „Was ich Glaube": *„Wer zugibt, dass er nicht hinter den Vorhang der Phänomene gucken kann, darf nicht behaupten, es sei gar nichts dahinter."* Damit hat Küng wohl als Erster die Stufe drei eingeführt. Ich nehme an, er glaubt an das ewige Leben. Aber er erwartet, dass die, die nicht daran glauben, sich auf Stufe drei begeben und gelten lassen, dass es möglicherweise doch ein solches geben könnte. Wir dürfen daher davon ausgehen, dass Küng auch die umgekehrte Meinung gelten lässt, nämlich dass er, der ja ebenso wenig hinter den Vorhang gucken kann, akzeptiert, dass es dahinter möglicherweise nichts gibt.

Eine schöne Formulierung passiver Toleranz, hat eine junge Muslima zum Ausdruck gebracht, die an der Trauerfeier für den von Terroristen ermordeten Pfarrer in Lille teilnahm. Sie sagte: *„Wenn die Nachbarn zu mir sagen: Schön, dass du da bist, wird mir warm ums Herz."*

Ein anderes, rührendes Beispiel religiöser Toleranz erzählte Pfarrer Christpoh Jungen im „Wort zum Sonntag" am Schweizer Fernsehen vom 3. Dezember 2017. Ein Schulmädchen aus einer Moslem-Familie beobachtete, wie ihre Schulkameradinnen ein Krippenspiel probten. Sie hätte gerne mitgemacht und fragte den Pfarrer, ob sie das dürfe. Der Pfarrer erlaubte das selbstverständlich und fragte sie, welche Rolle sie gerne hätte. *„Einen von diesen Schmetterlingen"* antwortete das kleine Mädchen.

Wenn die Religionen über die Demut verfügen würden, sich auf das Wesentliche zurückzubesinnen und Toleranz üben würden, dann bräuchte es vielleicht gar keine Ökumene mehr und auch keinen „Chrislam". Die Differenzen, die dann in gewissen Fragen noch bestünden, wären unwesentlich und kaum wert, deswegen gegeneinander zu kämpfen. Es stört mich als Reformierten doch nicht, wenn die Katholiken ihre Heiligen verehren, ja, wenn es so geschieht wie im Buch „Heute im Blick" von Abt Martin Werlen beschrieben, hat dies sogar sehr viel für sich. Es ist nichts Negatives, Menschen zu verehren, die ein vorbildliches Leben gelebt oder grosse Leistungen vollbracht haben, im Gegenteil. Wenn die katholische Kirche dies mit dem Mittel der

Heiligsprechung tut, verschafft sie diesen Beispielen eine breitere Vorbildwirkung. Ob dabei die Bezeichnung „Heilig" die richtige ist, bleibe dahingestellt. Das Wort hat die Tendenz zum Fanatismus.

Von „Stufe drei" aus betrachtet könnte es demnach durchaus ganz oder teilweise so sein, wie es die Moslems oder die Buddhisten sehen. Warum sollen diese denn in allem immer nur Unrecht haben?

Eine eindrückliche Schilderung dieser Thematik findet sich im Buch „Der Wächter des Matterhorns" von Kurt Lauber, Bergführer und langjähriger Hüttenwart der Hörnlihütte am Matterhorn. Er besteigt zusammen mit einem Sherpa das Matterhorn. Der Sherpa ist ein tüchtiger Alpinist und hat mehrere Sieben- und Achttausender bestiegen. Doch die Ausgesetztheit am Matterhorn macht ihm zu schaffen. Mit einigem Zuspruch seitens des Bergführers erreichen sie schliesslich den Gipfel.

„Dort angekommen, ging Ang Kami (der Sherpa) *direkt auf das Gipfelkreuz zu, umarmte es und dankte Gott. Dabei vergass er auch nicht, um Beistand für den bevorstehenden Abstieg zu bitten. Ich war sehr erstaunt, dass er als gläubiger Buddhist unseren Gott um Hilfe bat. Buddhisten sind offenbar sehr tolerante Gläubige – schade, dass das nicht für alle Religionen dieser Welt gilt. Viel Elend auf dieser Welt könnte verhindert werden mit mehr Toleranz zwischen den verschieden gläubigen Menschen. Solange jedoch jeder denkt, sein Glaube sei der einzig richtige, ohne zu überlegen, dass wir vielleicht alle denselben Gott haben, wird sich in Zukunft nicht viel ändern."*

Auch wenn Kurt Lauber seine Beurteilung des Buddhismus nach den Geschehnissen in Burma heute wohl etwas anders formulieren würde, so hat die Schlussfolgerung, die er aus seiner Betrachtung zieht, gleichwohl ihre Berechtigung. Es ist dasselbe Denken wie in Lessings „*Nathan der Weise*".

Merken die Menschen denn nicht, dass sie für einander da sind, dass sie ohne einander gar nicht existieren könnten?

In diesen Fragenkomplex, in den des Respektes und der Toleranz, gehört die Frage, wo die Toleranzgrenze für Satire im Zusammenhang mit Religion liegt. Seit dem Anschlag auf Charly Hebdo anfangs 2015 in Paris hat die Frage ungewohnte Aktualität erlangt. Bei oberflächlicher Betrachtung war auch ich anfänglich der verbreiteten Meinung, Satire dürfe alles. So denkt auch Richard Dawkins in seinem Buch „Der Gotteswahn" (Seite 35). Aber dann kam mir eine satirische Zeichnung im Zusammenhang mit einem Flugzeugabsturz in den Sinn, bei welchem über 200 Menschen ihr Leben verloren. Ich empfand diese Zeichnung als eine Geschmacklosigkeit, für die mir die Worte fehlen. Es war mir plötzlich klar: Ja, auch Satire hat eine Grenze, und diese war im Falle des Flugzeugabsturzes krass überschritten worden. Satire darf die Grenze des Respektes vor den Gefühlen des Mitmenschen nie überschreiten. Und die ist in Glaubensfragen eben nicht überall gleich hoch. Ein bekannter Schweizer Komiker erklärte kürzlich in einem Interview: „*Einen Witz über Jesus würde ich nicht bringen.*" Es ist nicht nur der Respekt vor der fremden Religion, welcher der Satire Grenzen setzt, sondern vor allem der Respekt vor den Gefühlen der dieser Religion angehörenden Menschen. Missachtet man diese, trägt man die Folgen.

Das führt zur Frage des Gewissens. Das Einzige, von dem ich zu wissen glaube, es von Gott erhalten zu haben, ist mein Verstand und mein Gewissen. Das Gewissen ist nicht nur Ratgeber, sondern es übt auch die Funktion des Richters, der Strafbehörde und des Rächers trefflich aus, indem es in der Form von schlechtem Gewissen bohrt, uns die Ruhe nimmt und uns mit Schlaflosigkeit und Krankheit bis hin zum Selbstmord für unser unrechtmässiges Verhalten büssen lässt. Und es kennt keine Verjährungsfristen. Wenn wir genau auf dieses Gewissen horchen, ja es sogar befragen, sagt es uns messerscharf, ob unsere Handlungsweise gegenüber unseren Mitmenschen und unserer Umwelt richtig und verantwortbar ist oder nicht. Dazu brauchen wir keine Bibel mit einem Rachegott als Gerichtsvorsitzendem, keine Prediger mit erhobenem Drohfinger, keine Beichten und im Grunde genommen nicht einmal Kirchen. Die letzte Instanz in allen unseren Handlungen und Unterlassungen ist nicht der Pfarrer und sind nicht die Professoren oder irgendwelche Bücher, auch nicht die Bibel, sondern das eigene Gewissen. Ein Gewissen zu haben verpflichtet, nach ihm zu handeln *(„Die letzte Entscheidung liegt also beim Gewissen."* Burkhard Ellegast, „Der Weg des Raben", Seite 184).

Doch Vorsicht: Das Gewissen bleibt von Umwelt, Ausbildung und Erfahrung nicht unberührt. Es bildet sich in positiver wie in negativer Richtung weiter. Das Wissen um diese Einflüsse verpflichtet zu besonderer Sorgfalt im Gebrauch des Gewissens.

Dennoch - es ist doch etwas Seltsames um den religiösen Glauben. Seine ungeheure Wirkung auf die Menschheit, seine Suggestivkraft in allen ihren religiösen Ausprägungen darf nicht übersehen werden; sie nähert sich einer statistischen Beweisgrundlage. Deren Beweiskraft wird allerdings durch die Vielzahl der Religionen wieder abgeschwächt oder gar vernichtet. Der Glaube, vor allem der Glaube an ein besseres Leben nach dem Tod, hat zu allen Zeiten sehr vielen Menschen geholfen, Dinge zu ertragen, die sie ohne ihren Glauben vielleicht nicht ertragen hätten. Ich denke dabei unter anderem an die Konzentrationslager der Nazi. Es ist daher nicht das Ziel dieser Ausführungen, den Menschen ihren Glauben zu nehmen. Menschen, die glauben, sind keine Dummköpfe, wie es einzelne Autoren darstellen. Sie wissen, dass ihnen der Glaube eine Kraft gibt, die sie ohne diesen vielleicht nicht hätten. Man sollte nie vergessen, dass es mehr Wahrheit als Wissen gibt und immer geben wird.

„Glauben" ist wirklich die richtige Bezeichnung für die Ausübung einer Religion. Man muss sie nur richtig verstehen. Dass in Bezug auf die Abgrenzung zwischen Wissen und Denken einerseits und Glauben andererseits durchaus ein gewisser Meinungsspielraum bestehen kann, hat schon Ernst Friedrich Ludwig Robert im Jahre 1829 erkannt, als er folgendes Epigramm in einer Zeitschrift veröffentlichte:

> *„Zum Adler sprach die Taube:*
> *Wo das Denken aufhört, da beginnt der Glaube.*
> *Der Adler sprach: Das stimmt, jedoch,*
> *wo du schon glaubst, da denk' ich noch. "*

Es gibt Menschen, die glauben felsenfest an etwas, an Gott oder Allah, an Jesus, die Auferstehung und was weiss ich sonst noch. Und es gibt Menschen, die bestreiten dasselbe aufs Heftigste. Demgegenüber ist die Feststellung, nichts zu wissen, beruhigend.

Und dennoch – ich wiederhole – hat der feste Glaube sehr vielen Menschen in schwierigen Lebenslagen geholfen und hilft ihnen weiterhin. Ob real oder irreal spielt im Grunde keine Rolle. Aber vielleicht bewegen wir uns hier schon in Richtung Psychologie.

7 Die Wissenschaft

Das Verhältnis zwischen Wissenschaft und Glauben ist ein ziemlich schwieriges. Religion als Materie widersetzt sich wissenschaftlicher Analyse weitgehend. Ich möchte hier nur einige Feststellungen festhalten, die ich im Verlauf meiner Arbeit gemacht habe. In Kapitel 5 habe ich Bücher aufgezählt, die sich mehr oder weniger wissenschaftlich mit der Religion auseinandersetzen. Wie mit dem Seziermesser analysieren einzelne Autoren die Bibel und die in ihr enthaltenen Widersprüche - und kommen zu völlig anderen Schlussfolgerungen als ihre Kollegen auf der andern Seite.

Wir haben im vorangehenden Abschnitt festgestellt, dass es mehr Wahrheit als Wissen gibt. Es ist die Wissenschaft selbst, die uns immer wieder Beweise für diese Erkenntnis liefert, indem sie laufend neue Entdeckungen macht und Dinge ermöglicht, die man noch vor kurzer Zeit für unmöglich gehalten hätte. Klassische Beispiele sind Physik und Chemie. Der Begriff „Atom" wurde im 5. Jahrhundert v.Chr. für das kleinste damals bekannte Teil eingeführt („atomos" heisst altgriechisch „unteilbar" und kommt von „tomein", schneiden. Ein Atom ist das, was nicht mehr zerschnitten werden kann). Aber nach dem Zweiten Weltkrieg war das Atom plötzlich nicht mehr unteilbar. Heute stellt die Quantenphysik wiederum alles auf den Kopf - und hohe Anforderungen an unser Begriffsvermögen.

Wir dürfen also ohne weiteres davon ausgehen, dass es in den Gebieten der Metaphysik und Mystik Bereiche gibt, von denen wir noch keine oder doch nur eine sehr geringe Ahnung haben. Was ich an den genannten religionskritischen Büchern bemängle, ist der darin ausgedrückte Wissenschaftsglaube. Dieser ist ein Glaube wie alle andern auch. Das Unwissenschaftlichste an der Wissenschaft ist der absolute Wissenschaftsglaube.

Umgekehrt ist es der Wissenschaft und ihrer Logik zugute zu halten, dass sie Schutz gegen Manipulation und Aberglaube bildet.

Die heutige Wissenschaft kennt neue Ansätze. Theologie und Quantenphysik nähern sich an. Materie und Zeit sind keine fassbaren Begriffe mehr, sondern Zustände. Hier wurde bereits das bisher Undenkbare gedacht. Der Begriff „Gott" wird dabei entpersonifiziert. Damit wäre die Frage, warum lässt Gott das zu, eigentlich geklärt. Wie weit dies in Richtung Atheismus geht, ist schwer zu sagen, aber es geht. Und dennoch kehren die meisten Wissenschaftler wieder zur Ansicht zurück, wonach es einen Gott, einen Geist, eine gewaltige Urmacht gibt:

„Der erste Trunk aus dem Becher der Naturwissenschaften macht uns zu Atheisten, aber auf dem Grunde des Bechers wartet Gott."
(Werner Heisenberg, deutscher Physiker, 1901 – 1976).

Auch Albert Einstein (1879 – 1955) erkannte in seinen späten Jahren:

„Jeder, der sich ernsthaft mit der Wissenschaft beschäftigt, gelangt zu der Überzeugung, dass sich in den Gesetzen des Universums ein Geist manifestiert, der dem des Menschen weit überlegen ist, und dass wir uns mit unseren beschränkten Kräften demütig fügen müssen."

Und nochmals Einstein:

„Als Gott das Universum schuf, war es seine letzte Sorge, es so zu schaffen, dass wir es verstehen."

Max Planck, Physiker und Begründer der Quantenphysik, formulierte das in seiner Abschiedsrede so:

„Für die Theologen steht Gott am Anfang, für die Wissenschaft am Schluss."

Vielleicht suchen wir Gott auch, weil wir ihn brauchen. Gott ist in unserer Vorstellung nicht zuletzt eine unendliche Projektionsfläche für Wünsche, Hoffnungen und Glauben. Oder eine Kapitulationserklärung am Ende allen Forschens und Wissens.

8 Die Welt war noch nie so schlecht wie heute

Das überzeugt und umschreibt treffend das Jammertal, in dem wir leben. Die Auseinandersetzung mit dieser häufig gehörten Behauptung gehört unzweifelhaft in den Kontext unseres Themas. Die in Kapitel 1 geschilderten Tatsachen und Probleme legen die obige Feststellung recht nahe. Eine eingehendere Auseinandersetzung mit der Geschichte der Menschheit belehrt uns allerdings vom Gegenteil.

Seitdem es eine Geschichtsschreibung gibt, wird diese von Konflikten und Kriegen bestimmt. Auch Ötzi wurde mit einer Pfeilspitze im Rücken gefunden. Es scheint, als ob die Menschen nicht fähig wären, dies zu ändern. Die antiken Reiche der Ägypter, Babylonier, Assyrer, Perser, Alexander, Römer, Franken, Kalifen, aber auch die Kolonialreiche der Neuzeit entstanden ausnahmslos im Zusammenhang und in der Folge fürchterlicher Kriege. Ganze Völkerschaften wurden abgeschlachtet oder in die Sklaverei entführt. Noch 1947 schlugen die Franzosen einen Volksaufstand in Madagaskar mit grausamer Härte nieder. 80'000 Madegassen wurden umgebracht. Die ägyptischen Pyramiden und viele andere grosse Werke der Antike, die wir heute bewundern, sind das Resultat unvorstellbar grausamer Sklavenausbeutung, meistens Kriegsgefangener. Die Reihe setzt sich fort in der Eroberung Amerikas und der damit zusammenhängenden Vernichtung der Urbevölkerung. Religion musste dabei oft als Vorwand für das Machtstreben der Mächtigen her-halten. Man denke an den Dreissigjährigen Krieg 1618 bis 1648, der vordergründig ein Glaubenskrieg war. In Teilen Süd-deutschlands überlebte nur etwa ein Drittel der Bevölkerung diesen Krieg. Aber es war nicht nur die Religion, die ihre Opfer forderte. Hauptsächlich zivile Gerichte verurteilten rund 70'000 Menschen, vor allem Frauen, in so genannten Hexenprozessen zum Tode, die letzte noch am 13. Juni 1782 ausgerechnet im schweizerischen Kanton Glarus! Dieser Hexenwahn kann sich, wie schon erwähnt, auf das Alte Testament berufen (Exodus 22,17: *„Eine Hexe sollst du nicht am Leben lassen…"*). In den meis-ten Fällen erfolgte die Hinrichtung als Schauprozess vor der versammelten Volksmasse, und zwar auf besonders grausame Art, nämlich durch Verbrennen, und dies nach unsäglichen Fol-tern, unter denen die armen Opfer alles gestanden, was man von ihnen wissen wollte. Die Folterknechte waren vor allem an den Namen von Mittäterinnen interessiert, denn sie, allen voran die auf diese Art von Rechtssprechung spezialisierten Domini-kanermönche, verdienten damit gutes Geld, eine Art frühzeiti-ger „Fallpauschalen". Sie wurden deshalb lateinisch „Domini canes", die Hunde des Herrn, genannt. „Inquisition", Untersu-chung, hiess diese Tätigkeit damals. *„Die Kirche sah die Anwendung der Inquisition gegen Häretiker mit Verweis auf Bibeltexte oder Texte kirchlicher Autoritäten legitimiert."* (Wikipedia). Die Bilanz der Stadt Zürich sieht für die Jahre 1462 bis 1714 in Sachen Hin-richtung wegen Hexerei wie folgt aus:

51 Verbrennen bei lebendigem Leib

25 Enthaupten und verbrennen

5 Ertränken

1 Rädern und verbrennen

1 Einmauern bei lebendige Leib

1 Stirbt in Gefangenschaft

1 Unbekannt

Die Verurteilten wurden von mindestens einem Geistlichen sowie dem Reichsvogt als Vertreter des Kleinen Rates begleitet. Zwei Mitglieder des Kleinen Rates waren auch bei den Folterungen zugegen.

(Tages-Anzeiger 5.9.2019; niz/ Siaa. T. Rochow)

Bei der Vorstellung dieser scheusslichen Grausamkeit überkommt uns heute das kalte Grauen. Demgegenüber lassen sich in der neueren Zeit Entwicklungen feststellen, die zuversichtlich stimmen. Angefangen hat das mit der Aufklärung. Ab etwa 1700 nahm vernunftmässiges Denken immer mehr Raum ein und bekämpfte Aberglauben und Vorurteile. Es waren Wissenschaftler und Philosophen wie Lessing, Kant und Voltaire, die so etwas wie Menschenrechte ins Spiel brachten. Die Kirche hingegen wurde durch die Entwicklung überrascht und stemmte sich dagegen. Die Erkenntnisse der Astronomie schienen in gefährlichem Widerspruch zu fundamentalen Aussagen der Bibel zu stehen und mussten daher bekämpft werden, denn sie bedrohten die Macht nicht nur der kirchlichen Autoritäten, sondern auh der weltlichen, weil sich diese zur Machterhaltung religiöser Instrumente bedienten. Die Tatsache, dass weltliche und kirchliche Macht oft eng miteinander verflochten waren, hemmte die Verbreitung und Anerkennung menschenrechtlicher Grundsätze.

Manche Terroranschläge der jüngsten Vergangenheit haben fundamentalistisch-islamistischen, also religiösen Hintergrund. Natürlich sind diese Anschläge, die meistens Unbeteiligte treffen, schrecklich und müssen aufhören. Aber den Islam deswegen grundsätzlich zu verurteilen greift zu kurz. Religionen scheinen Phasen durchzumachen, indem sie sich vom absoluten Rechts- und Gültigkeitsanspruch über die Jahrhunderte hin zu vermehrter Toleranz entwickeln. Auch das Christentum kannte Zeiten schrecklicher Brutalität, siehe die obigen Beispiele. Rückfälle gehören offenbar dazu. Neuerdings lehren uns die Entwicklungen in Burma, dass auch der Buddhismus vor derartigem nicht gefeit ist. Die Vertreibung der Rohingya stellt die vielgerühmte Toleranz des Buddhismus in Frage. Und in der Schweiz gab es immerhin noch 1847 den Sonderbundskrieg mit religiösem Hintergrund. Verglichen mit dem Christentum hat der Islam also eigentlich „nur" einen zeitlichen Rückstand von einigen hundert Jahren.

Tatsächlich sind die „Werte des christlichen Abendlandes", die so viele recht(s)schaffene Bürger gegen fremde Einflüsse, vor allem gegen den Islam, glauben verteidigen zu müssen, nicht ausschliesslich christliche Werte, sondern entstanden – teilweise auf der Grundlage christlich-biblischer Grundsätze – im Zuge der Aufklärung. Martin Werlen, „Heute im Blick", Seite 72: „...wage ich zu sagen, dass Menschenrechte nicht eine Leistung der christlich-humanistischen Kultur sind. Sie sind vielmehr die tiefe Einsicht wirklich christlich lebender Menschen." Ergänzend möchte ich dem beifügen, dass es zweifellos nicht nur Christen, sondern auch Atheisten, Buddhisten, Moslems und viele andere waren, die so dachten.

Erst im Jahre 1863 wurde auf Anregung des Genfers Henry Dunant (und nicht etwa der Kirche) das „Internationale Komitee der Hilfsgesellschaften für die Verwundetenpflege" gegründet, aus dem das Rote Kreuz hervorging. Später folgten „Amnesty International", „Human Rights Watch", „Médicins sans Frontières" usw. Am 10. Dezember 1948 proklamierte die UNO Generalversammlung in Paris die „Universal Declaration of Human Rights". Und es gibt heute einen Internationalen Gerichtshof. Auch wenn dessen Armlänge noch nicht ausreicht, um alle grossen Ganoven und Banditen aus dem Verkehr zu ziehen und der ihnen gebührenden Strafe zuzuführen, so ist es doch ein vielversprechender Anfang. Wenn dort weiterhin engagierte Menschen wie Carla del Ponte tätig sein werden und ihnen die erforderliche politische Unterstützung zuteil wird, ist zu hoffen, dass diese Einrichtung die ihr zugedachten Pflichten eines Tages wird erfüllen können.

Ich denke, die geschichtliche Entwicklung verläuft in zwei Richtungen. Da ist einerseits die Tatsache, dass die kriegerischen Auseinandersetzungen mit zunehmend grausameren und radikaleren Waffen und Methoden geführt werden und das Wettrüsten ein Ausmass des totalen Irrsinns angenommen hat. Wir alle kennen die fürchterlichen Ausschläge und Rückfälle zu Zeiten Nazideutschlands, des Bolschewismus, des Balkankrieges, des Syrischen Bürgerkrieges, der Kämpfe an vielen Orten in Afrika usw. Den Einsatz von Atomwaffen hat bisher vermutlich nur die Angst vor den Aus- und Rückwirkungen auf den Auslöser selbst verhindert. Dennoch – andererseits ist eine Entwicklung in Richtung zur Einsicht und Menschlichkeit zu erkennen, die es in früheren Zeiten nicht gab. Wesentlich ist die Feststellung der Entwicklung, mag sie noch so unscheinbar und inkonsequent sein. *„Im Anfang war das Wort"* heisst es schliesslich in Johannes 1.1, und tatsächlich beginnen wohl fast alle grossen Vorhaben mit dem „Wort" im Sinne des ausgesprochenen Gedankens. In der Unterstützung derartiger Gedanken sehen wir eine Gelegenheit für die Religionen, sich im positiven Sinne zu profilieren. Eine der wichtigsten Gelegenheiten.

Aber warum verläuft diese Entwicklung denn so harzig? Ich vermute, das hängt wiederum mit der Tatsache zusammen, dass sich der Mensch aus dem Tier heraus entwickelt hat. Es ist ihm zwar gelungen, auf zwei Beinen zu gehen und einen Verstand zu entwickeln, der dem seiner früheren Artgenossen weit überlegen ist. Dieser Verstand hat es ihm ermöglicht, unter vielem anderem eine Atombombe zu konstruieren, die in der Lage ist, die ganze Welt in kürzester Zeit in radioaktives Pulver umzuwandeln. Aber eben, gewisse tief verwurzelte, möglicherweise im Unterbewussten gründende Triebe sind ihm geblieben. Der Starke vertreibt den Schwachen. Die Gier - wir kennen sie neuerdings von den Wölfen, die mehr Schafe töten, als zur Stillung ihres Hungers nötig wäre. Die Revierkämpfe. Die Eifersucht. Der Neid. Der Herdentrieb, usw. Man hört es nicht gerne, aber da sind wir wohl nicht weit über die Stufe der Primaten hinausgekommen. Alle diese Eigenschaften lassen sich beim Menschen unter dem Oberbegriff des Egoismus zusammenfassen.

Vermutlich ist es gerade dieser Egoismus, welcher der biologischen Entwicklung einen dermassen gewaltigen Schub verliehen hat. Und da ist es natürlich schwierig, zu sagen, jetzt ist es fertig mit dem Egoismus. Er steckt ausnahmslos in uns allen tief verwurzelt drin. *„Denn jeder trägt den leid'gen Stein zum Anstoss in sich selber."* (Heinrich von Kleist, „Der zerbrochene Krug"). Es ist zu fürchten dass es derselbe Egoismus sein wird, der diesen riesigen Entwicklungsssschub ausgelöst hat, der das Ende beschleunigt herbeiführen wird.

Das liefert eine weitere Erklärung für die heutigen Kriege und Verbrechen und somit eine weitere Antwort auf die in Kapitel 1 gestellte Frage, warum Gott das zulässt. Allerdings nur teilweise: Mit Gott hat das offenbar nichts zu tun. Heisst das, dass wir diesen verhängnisvollen Entwicklungen im Grunde machtlos gegenüberstehen? Vielleicht schon, aber nur vielleicht. Ebensosehr ist es denkbar, dass wir unter Bemühung unseres Bewusstseins und unseres Verstandes mit allen Mitteln die Bändigung der atavistischen Tendenzen und die Förderung ihres Gegenteils anstreben und damit schrittweise Erfolge erzielen können. Immerhin stehen all dem Negativen Gefühle und Fähigkeiten wie Mitleid, Toleranz, Solidarität, soziales Bewusstsein und Hilfsbereitschaft gegenüber, die der Mensch entwickelt hat, und die bei Tieren in einem gewissen Ausmass zwar seltener, aber doch nachgewiesen sind, z.B. bei den Elefanten.

Im Zusammenhang mit der Frage anfangs dieses Kapitels steht auch die Entwicklung der individuellen wirtschaftlichen Verhältnisse. Die Statistiken weisen ein krasses Auseinanderdriften der oberen und unteren Einkommens- und Vermögensschichten nach, gekrönt von den exorbitanten Bezügen der Chefs grosser Konzerne. Aber ein Blick in die Geschichte zeigt, dass diese Art von Entwicklung stets mit Phasen wirtschaftlicher Aufschwünge einher ging. Kriege und grosse Krisen zerstören Strukturen und Werte, auch Vermögen. Arbeitskräfte sind für den Wiederaufbau gesucht und werden deshalb anfänglich gut bezahlt. Mit der Zeit verschiebt sich jedoch die Bedarfslage, und die Vermögen konzentrieren sich wiederum bei einer kleinen Oberschicht. Bis es wieder zu einer weiteren Katastrophe kommt, und alles fängt von vorne an. Damit soll nicht gesagt sein, dass die Katastrophen eine Folge der Vermögenskonzentrationen seien, obwohl diese gewiss nicht geeignet sind, den sozialen Frieden zu fördern. Doch waren die Menschen in vielen Ländern nach den beiden Weltkriegen immerhin so klug, progressive Steuern einzuführen und mit diesen Mitteln Werke wie Kranken- und Altersvorsorge, das Schulwesen, eine geordnete Infrastruktur usw. zu schaffen. Gerade in diesem Punkt ist die Welt zwar noch weit von „gut" entfernt, aber sicher nicht schlechter geworden.

9 Das Gebet

Das Gebet ist der direkteste Kontakt, den wir zu Gott suchen. Die einen tun es routinemässig in Form eines Tisch- oder Abendgebetes oder in der Kirche, die andern dann, wenn sie Hilfe benötigen oder für diese danken möchten, und manche in beiden Fällen. Ob es hilft, weiss ich nicht. Nach dem Prinzip der gottgegebenen Spielregeln (Kapitel 2) wohl eher nicht, aber aufgrund der Einsicht, dass auch Unwahrscheinliches nicht ausgeschlossen werden kann, möglicherweise doch. Es könnte also sein, und da ich nichts unversucht lassen möchte, um z.B. einem kranken Mitmenschen zu helfen, lasse ich diese Möglichkeit nicht ungenutzt.

Wo zu Gott um das eigene Wohlergehen gebetet und ihm gedankt wird, wenn sich diese Wünsche erfüllen, schimmert oft der Egoismus durch, insbesondere auch wenn es um das eigene Seelenheil geht. Penetrant sind gewisse Kirchengesänge mit dem Inhalt „Jesus Christus erlöse mich", häufiges Vorkommen in den sog. Gospelsongs, diesen exaltierten Gesängen. Es gibt sehr schöne Gospelgesänge und ausgezeichnete Gospelchöre. Aber wo es nur um „meine Erlösung" geht, wird es fragwürdig. Ja, mich, das ist die Hauptsache! Und wovon soll Christus diesen Beter erlösen? Wohl zuerst einmal von sich selbst, von seinem Egoismus! Und wenn es um den eigenen Erfolg geht – der ja nur allzu oft direkt mit dem Misserfolg des Andern verknüpft ist - kann das Beten geradezu missbräuchlich werden. Es sei an die Feldschlachten des Mittelalters erinnert, wo beide Seiten niederknieten und Gott um den gerechten Sieg baten, bevor sie aufeinander losgingen. Sie brachten den Lieben Gott damit wohl oft in eine schwierige Lage….

Ein sonderbares Dokument lag kürzlich in einer katholischen Kirche im Tessin auf. Es ging um die Beichte, genau genommen um das Verhalten davor und danach. Es ist eine mehrseitige, mehrfarbige „Wegleitung" mit dem Titel „Vuoi accogliere il perdono?" (Willst du die Vergebung empfangen?). Dann folgt ein wörtlich vorgeschriebenes Gebet als Vorbereitungszeremonie, anschliessend ein „Esame di coscienza" (Gewissensprüfung). Eine Prüfungsfrage lautet: „Partecipo con devozione e con frutto alla Messa festiva, ai sacramenti, alla catechesi?" (Nehme ich mit Hingabe und Erfolg an der Heiligen Messe teil, an den Sakramenten und an den Katechismen?). Andernfalls gibt es anscheinend keine „Vergebung"; der arme Gläubige wird seine Sünden in der Hölle verbüssen müssen, das Tor steht sperrangelweit offen. Danach wird dem erlösten Sünder nahegelegt, viel Gutes zu tun und u.a. der Armen zu gedenken.

Ich sehe einen Sinn in einem Gebet als meditative Vertiefung und Verinnerlichung in der geistigen und seelischen Verarbeitung eines Problems, nicht aber in einem solchen Geleier. Es ist verständlich, dass ein Ansprechpartner dabei hilfreich sein kann. Vielleicht hilft die Religion zusätzlich, indem sie dem Betenden Hilfsmittel wie Heilige, Rosenkränze, Kapellen und anderes zur Verfügung stellt. Im Fellital im Kanton Uri steht eine kleine Wegkapelle mit einem Marienbild. Darunter steht der Spruch:

> *„Komm zu Maria, fromme Seele,*
> *zu jeder Stund, an jedem Tag*
> *und sag und klag ihr, was dir fehle,*
> *was immer dich bedrücken mag."*

Wie viel Lebensweisheit spricht doch aus diesen einfachen Worten! Wie viel Seelennot mag dieser Gedanke im Laufe der Jahrhunderte gelindert haben! Das ist keine Drängen mit einer unausgesprochenen Drohung wie in der Tessiner Kirche, sondern ein Angebot, sich auszusprechen.

Es kommt immer wieder vor, dass Menschen das Gefühl haben, Gott habe ihre Gebete erhört und ihnen auf wundersame Weise geholfen. Zahllose Votivbilder in katholischen Kirchen zeugen von solchen Ereignissen. Aber die, denen Gott oder die Maria oder wer auch immer nicht geholfen hat, kamen nicht mehr dazu, Votivbilder zu malen.

Wenn ich die Wirkung von Gebeten in Frage stelle, schleicht sich ein Gefühl der Undankbarkeit ein, da es mir persönlich ja gut geht und ich eigentlich niemandem so recht von Herzen dafür danken kann. Oder doch? Der Philosoph und Mathematiker Blaise Pascal hat einmal gesagt: *„Das grösste Problem der Atheisten ist es, dass sie nicht wissen, wem sie danken können."* Nun, ein Atheist bin ich ja nicht, im Gegenteil, ich stelle nur das in Frage, was sich zwischen Gott und mich zu stellen versucht.

Des Weiteren muss ich gestehen, dass ich ab und zu, beispielsweise wenn ich kleine Kinder sehe, zum Himmel hinaufschaue und denke: „Lieber Gott, wenn es dich gibt, erhalte diesen liebenswerten, wunderbaren Geschöpfen unsere Welt so, wie sie ist – auf jeden Fall nicht schlechter!" Dabei ist gerade das eine unangemessene Bitte an Gott, denn wenn jemand die Welt zugrunde richtet, dann ist nicht er das, sondern wir. Aber vielleicht könnte er seinen Geschöpfen ein wenig mehr Einsicht und Verstand einhauchen, er, der Allmächtige....

Das ist unlogisch. Aber wo gibt es in der Religion Logik?

10 Die „Schutzmächte"

Viele Menschen glauben – ausser an Gott, Jesus Christus und den Heiligen Geist – auch an Heilige, Engel und Schutzengel. Gibt es diese wirklich?

Nach dem oben Gesagten wird man sich denken, dass ich diese in die Stufe drei einordne. Gewiss, aber vielleicht in den oberen Bereich, denn...

Als Bergsteiger erlebt man gelegentlich Situationen, für die es zwar fast immer eine logische Erklärung gibt, die aber auch Fragezeichen hinterlassen. In der klaren Welt der Berge, losgelöst von Nebensächlichkeiten, treten solche Vorkommnisse deutlicher zutage als anderswo. Und sie regen zum Nachdenken an. So wollte ich einmal von der Treschhütte im Kanton Uri zur Giuflücke aufsteigen. Es war Frühsommer, und es lag noch viel Schnee, was für dieses Vorhaben eigentlich günstig ist, denn in ausgeapertem Zustand ist dieser Aufstieg eine elende Schinderei über einen 800 Meter hohen Geröllhang. Ausgerechnet an diesem Morgen verschlief ich mich gründlich, was mir sonst kaum je passiert. Ich brach daher eine gute Stunde später auf, als ich geplant hatte. Als ich mich dem Auslauf des Couloirs näherte, durch welches der Aufstieg führt, vernahm ich plötzlich ein ohrenbetäubendes Krachen und sah, wie sich eine gewaltige Lawine aus der Westwand des Piz Giuf löste und wie ein fallender Vorhang direkt in das Couloir hinunterdonnerte, durch welches mein geplanter Aufstieg hätte führen sollen. Hätte ich mich nicht verschlafen, so wäre ich jetzt gerade dort gewesen, wo die

Schnee- und Steinmassen der Lawine an beiden Couloirwänden hoch aufbrandeten… Glück? Mehr als Glück?

Ein zweites, seltsames Beispiel erlebte ich in einer Lebensphase, in welcher ich in einer tiefen Krise steckte. An einem herrlichen Samstag stieg ich – wiederum allein – zur Campo Tencia-Hütte in den Tessiner Alpen auf. Meine Gemütsverfassung liess keine Begeisterung für die Naturschönheiten dieses Tales aufkommen. Gegen Mittag erreichte ich die Hütte und dachte, der Rest des Tages könnte ausreichen, um den Pizzo Campo Tencia noch zu besteigen. Schon kurz nach dem Einstieg führt die Route über ein ausgesetztes Band. Meine Knie begannen zu zittern; ich schaffte das nicht und kehrte um. Deprimiert erreichte ich die Hütte, die voller fröhlicher Tessiner Bergsteiger war. Dort setzte ich mich an einen leeren Tisch in einer Ecke. Statt der erhofften Stärkung meiner Moral hatte mir diese Unternehmung eine Niederlage beschert, die mich noch tiefer hinabzog.

Da traten zwei junge Tessiner an meinen Tisch und fragten mich, ob sie sich zu mir setzen dürften. Zwar wäre ich lieber allein geblieben, konnte sie aber nicht wegweisen. Sofort zog der Eine eine Flasche Grappa aus dem Rucksack, reichte sie mir und sagte: „Ich bin Luca." Der Zweite hiess Sergio. Dann fragten sie mich, was ich morgen vorhabe. Ich schilderte mein heutiges Debakel am Campo Tencia und sagte, ich werde wohl unverrichteter Dinge heimkehren. Sie entgegneten, sie hätten ein Seil dabei, und ich solle mit ihnen kommen, dann werde das schon gehen. Zunächst lehnte ich ab, weil ich ihnen kein Hindernis sein wollte. Aber sie bestanden auf ihrem Vorschlag, sodass ich schliesslich annahm.

Am folgenden Tag bestiegen wir den Pizzo Campo Tencia bei traumhaften Verhältnissen ohne irgendwelche Probleme. Zweihundert Meter unter dem Gipfel durchstiessen wir eine Hochnebelschicht. Oben die Welt des Glanzes und des Lichtes, unten das Grau und die Sorgen des Alltags. Glücklich reichten wir uns auf dem Gipfel die Hände. Als wir uns verabschiedeten, sagte ich ihnen, ich wünsche ihnen nur das Eine, nämlich dass dann, wenn sie sich einmal in einer solchen Situation wie ich befänden, ein Luca und ein Sergio kommen und sie ans Seil nehmen mögen. Sie werden wohl kaum verstanden haben, was ich damit meinte. Seither habe ich nie wieder etwas von ihnen gehört. Auf die Fotos, die ich ihnen schickte, kam keine Antwort. Ich frage mich manchmal, ob es sie wirklich gab.

Seit jenen Tagen beleben Schutzengel bei mir die Stufe 3 – ich weiss es nicht, habe aber Grund zur Vermutung, dass es so etwas geben könnte. Wenn sie in Erscheinung treten, in welcher Form auch immer, heisse ich sie dankbar willkommen und denke an Luca und Sergio. Aber was ist mit den Milliarden Menschen, die offenbar keinen oder nur einen schlechten Schutzengel hatten?

11 Die Seele

Die Kirche lehrt uns, dass der Mensch aus Körper, Geist und Seele besteht. Die Seele sei derjenige Teil des Menschen, der ihm die Unsterblichkeit sichert. Eine Seele besitze nur der Mensch, nicht aber das Tier. Der Körper des Menschen stirbt, da ist nichts mehr zu sehen, was weiterlebt. Aber da der Tod in dieser absoluten Form so schwer zu akzeptieren ist, muss doch irgendetwas fortbestehen. Also ist es die Seele. Soweit die kirchliche Lehre.

Diese Vorstellung erhält neuerdings Rückenwind von der Quantenphysik mit ihrer „inneren Welt". Das ist schwer zu verstehen, zumindest für mich. Mir bereitet schon die Abgrenzung zwischen Geist und Seele Mühe.

Es geht den christlichen Kirchen nicht besser. Das ist ein wichtiger Grund, weshalb sich die (katholische) Kirche um eine klare Stellungnahme zur Evolutionstheorie herumdrückt (so z.B. wie bereits erwähnt Papst Johannes Paul II in der Botschaft an die Mitglieder der Päpstlichen Akademie der Wissenschaften vom 22. Oktober 1996 oder Papst Benedikt XVI, Dokumentation Bayerisches Fernsehen 6.9.2007; Wikipedia). Es ist ja wirklich schwierig; wenn nämlich der Mensch – gemäss heute beinahe allgemein anerkannter Entwicklungstheorie - aus etwas hervorgegangen ist, das gemäss kirchlicher Definition keine Seele besitzt, wie kam denn die Seele in den Menschen hinein? Bekamen an einem bestimmten Zeitpunkt alle Lebewesen, die sich in Richtung Mensch entwickelten, eine Seele? Oder wurde sie ab einer bestimmten Entwicklungsstufe bei der Geburt mitgeliefert? Dann hätte es also irgendwann Kinder gegeben, die eine Seele besassen, ihre Eltern aber nicht? Ich versuchte dann, mir vorzustellen, dass sich die Seele mit der übrigen Evolution entwickelt haben könnte. Aber ab welchem Stadium wurde sie dann unsterblich? Oder ist es doch so, dass auch Tiere unsterblich sind? Das heisst, alle Regenwürmer, Fliegen und was sonst noch kreucht und fleucht?

Den Kirchen ist dieses Problem natürlich nicht entgangen. Bibeltreue sehen die Lösung im Wortlaut der Bibel, in der Schöpfungsgeschichte, denn nur so ist gewährleistet, dass dem Menschen wirklich von Gott eine Seele gegeben, resp. eingehaucht wurde. Nachzulesen im in Kapitel 5 zitierten Buch von Max Thürkauf.

Es beginnt wieder kompliziert zu werden. Vielleicht begnügen wir uns mit der einfachen Feststellung, dass unser Körper, unser Hirn, unsere Hormone, Drüsen, Chromosomen und was sonst noch alles unter unserer Haut verpackt ist, eine Unsumme von Gefühlen und Trieben produziert und registriert. Was davon Seele ist und was Geist und was das für einen Einfluss auf die Zeit nach dem Tod hat, belassen wir wohl besser im Bereich des Nichtwissens.

12 Alternativen

Nach einem Schiffbruch zur Zeit des antiken Griechenlands fanden sich zwei Schiffbrüchige schwimmend im Meer. Der Eine schwamm mutig in Richtung Ufer, der Andere aber war dem Ertrinken nahe und betete laut zur Göttin Athene. Da sagte der Erste zu ihm: *„Mit der Athene musst du auch die Hand bewegen!"*

Die Erkenntnis, von Gott kaum ein direktes Eingreifen in unsere grossen Probleme erwarten zu dürfen – sowie der kluge Rat des alten Griechen - leiten über zur Frage, was wir denn für Alternativen haben.

12.1 Religiöse Alternativen

Eigentlich ginge es ja in erster Linie „nur" darum, die menschliche Mentalität vom Egoismus weg in Richtung zu mehr Solidarität zu bewegen. Und wer sollte dazu in einer besseren Ausgangslage stehen als die Religionen? Allerdings bilden deren Machtansprüche, die Monopolisierung usw. massive Hindernisse auf diesem Weg. Das Gegenteil wäre nötig, nämlich Offenheit anderem Gedankengut gegenüber. In seinem Roman „Der Idiot" schreibt Dostojewsky:

„Etwas Neues kann dann entstehen, wenn ein Gedanke auf einen anderen trifft."

Was ist Schlechtes daran, wenn ein wertvoller Gedanke aus einer Religion den Weg in eine andere findet? Vielen Leuten mag das als ein ketzerischer Gedanke erscheinen. Aber er würde vielleicht eine Fortsetzung, eine weitere Stufe in dem Prozess bedeuten, der in Kapitel 14 angedeutet wird.

Religionen sind ein Teil der Kultur eines Volkes oder einer Völkergruppe. Sie sind keine Kultur an sich. Kultur stelle ich mir vor wie ein Gartenbeet, aus dem die verschiedenen Systeme herauswachsen wie Pflanzen. Religion ist eine dieser Pflanzen, allerdings eine mit besonders tief greifenden Wurzeln, denn sie reichen bis in den emotionalen, ja sogar in den irrationalen Bereich hinab. Ähnliche Systeme sind das soziale System, das Wirtschafts- und das Rechtssystem oder etwa das Bildungswesen. Gerade in den letztgenannten Bereichen beginnen aufgeschlossene Politiker einzusehen, dass die ganze oder teilweise-Übernahme fremder Systeme Vorteile bringen kann, weil das andere System vielleicht weiter entwickelt ist. Es erscheint mir denkbar, dass so etwas auch im religiösen Bereich möglich wäre, sofern die genannten Voraussetzungen zuteffen. Die Kultur braucht deswegen nicht verändert zu werden.

12.2 Nicht-religiöse Alternativen

Es gibt verschiedene Bücher und Theorien, die darlegen, wie die Welt anders, gerechter und sozialer werden könnte. Wir wollen diesen keine zusätzlichen hinzufügen, sondern nur einige erwähnen, die unseres Erachtens bemerkenswerte Ansätze dazu liefern.

In seinem Buch „Solidarity – Entwürfe zu einer neuen Gesellschaft" fordert Romeo Rey unter anderem eine neue Definition des Verhältnisses zwischen Staat und Wirtschaft. Solidarität ist das Gegenteil von Egoismus, daher zielt das Buch in die richtige Richtung. In einem 80-Punkte-Programm hat die Solidarity-Bewegung die Mängel des gegenwärtigen Systems analysiert und Vorschläge für Verbesserungen detailliert umschrieben (www.solidarity-networks.org).

Tatsächlich hat sich unser zur Zeit dominierendes Wirtschaftssystem, der Kapitalismus – zumindest so wie er derzeit mehrheitlich praktiziert wird - nicht als fähig erwiesen, eine gerechtere, friedlichere Welt zu schaffen, und es sind neue Impulse dazu nötig. Solange allerdings die Wirtschaft und in ihrem Schlepptau die Politik die persönliche Bereicherung zum obersten Ziel ihres Handelns setzt, kommt es nicht gut. Den Verantwortlichen steht ein angemessener Anteil zu, aber das Ziel hat das Wohlergehen des Volkes zu sein.

Eckhart Tolle sieht in seinem Buch „Eine neue Erde" die Lösung in einem kollektiven Bewusstseinssprung der Menschheit. Einer der Kernsätze lautet:

„Ein neuer Himmel" bedeutet das Aufkeimen eines transformierten Bewusstseins des Menschen und „eine neue Erde" dessen Reflexion auf der physischen Ebene".

Das ist im Grunde genommen richtig; zuerst muss sich das Bewusstsein verändern, das Umdenken muss stattfinden; von alleine geht nichts. Allerdings ist der Weg dorthin auch bei Tolle beschwerlich, umständlich und ermüdend. Und doch – wäre das nicht der Weg, der - vielleicht mit Unterstützung der Religionen - zum angestrebten Ziele führen könnte?

Schliesslich wären da noch die Erkenntnisse der modernen Psychologie zu berücksichtgen. Ich denke dabei an die Transaktionsanalyse, eine vom amerikanischen Psychiater Eric Berne (1910 – 1970) entwickelte Theorie der menschlichen Persönlichkeitsstruktur und -wahrnehmung.

„Wenn Menschen mit Hilfe der Grundgedanken der Transaktionsanalyse auf soziale Interaktionen oder einzelne Persönlichkeiten schauen, dann gelten hiefür folgende Annahmen:

- *Jeder Mensch hat die Fähigkeit zu denken und Probleme zu lösen.*
- *Jeder Mensch ist in all seinen Schattierungen und in seiner Ganzheit in Ordnung.*
- *Jeder Mensch ist in der Lage, Verantwortung für sein Leben und dessen Gestaltung zu übernehmen. Er verfügt dazu über die Fähigkeit der bewussten Wahrnehmung und Steuerung seiner mentalen, emotionalen und sensorischen Vorgänge und der sich daraus ergebenden Handlungen bzw. sozialen Interaktionen.*
- *Jeder Mensch wird als fähig angesehen, sein Lebenskonzept (oder Lebensgestaltungsmuster) schöpferisch, zuträglich und konstruktiv zu gestalten.*

Zudem ist es jedem Menschen möglich, durch Nutzung seiner ihm innewohnenden Ressourcen autonome Entscheidungen für sich und andere zu fällen.“

Das ist ein Zitat (Wikipedia: Leonhard Schlegel, Artikel *Leitziele* in: Handwörterbuch der Transaktionsanalyse, 2002). Natürlich ist nicht jeder Mensch „in seiner Ganzheit in Ordnung", das wissen auch die Vertreter der Transaktionsanalyse. Diese will damit nur sagen, dass man im Grunde genommen jedem Menschen zunächst vorbehaltlos entgegentreten sollte. Die Vorbehalte kommen dann noch früh genug.

Kurz zusammengefasst heisst das:

Ich bin OK, Du bist OK.

In der zweiten Hälfte des vergangenen Jahrhunderts fanden sich Ausbildungskurse über Transaktionsanalyse in den Personalschulungsprogrammen der meisten fortschrittlichen Unternehmungen. Sie trugen vielfach zur Lösung innerbetrieblicher, aber auch anderer Probleme bei. Im Gefolge der wirtschaftlichen Turbulenzen zu Beginn dieses Jahrhunderts mussten diese Kurse an den meisten Orten andern, handfesteren Methoden wie „KITAS" („Kick in the Ass") oder „Zuckerbrot und Peitsche" weichen, deren bekannteste Ausprägung die Motivation mittels attraktiver Boni ist.

Wäre es nicht schön, wenn das der Transaktionsanalyse zugrunde liegende Denken vermehrt im persönlichen Umgang, im Geschäft und vielleicht sogar in der Politik Fuss fassen würde? Dieser grundlegende Gedanke ist nichts anderes als der Respekt vor dem Mitmenschen. Solange dieser fehlt, wird sich die globale Problematik nicht lösen lassen.

Gewiss gibt es noch eine Reihe anderer Ansätze, doch es stehen alle vor dem gleichen Hindernis. Es ist dasselbe, vor dem schon Jesus Christus stand und das auch sein Tod nicht zu überwinden vermochte: Die praktische Umsetzung der Gedanken. Die

Mächtigen und Vermögenden werden nichts unversucht lassen, um ihren Status zu bewahren. Der Drohfinger auf der Kanzel, „Du kommst nicht in den Himmel, wenn…" reicht nicht. Doch ohne eine grundlegende Änderung der menschlichen Mentalität, ohne Abbau des Egoismus wird ein solches Ziel nur mit Gewalt zu erreichen sein, und das ist genau das, was wir nicht wollen. Was solche mit Gewalt erzwungenen Veränderungen jeweils bewirkt haben, kennen wir zur Genüge aus der Geschichte. Die Diktatoren des 20. Jahrhunderts haben es meisterhaft verstanden, die Moral, die Gesinnung und schliesslich das Gewissen grosser Teile der von ihnen beherrschten Völker negativ zu beeinflussen. Wäre eine solche Beeinflussung auch im positiven Sinne denkbar? Diese Veränderung ohne Gewalt herbeizuführen, scheint mir eine vorrangige Aufgabe jeder Religion zu sein.

Vielleicht ist alles gar nicht so kompliziert. Mit einer kleinen Geschichte erzählt Burkhard Ellegast ganz am Schluss seines Buches „Der Weg des Raben", wie man Alternativen suchen und zum Ziel kommen kann:

„Ein junger Mann suchte Gott, er kam in eine Kirche. Dort erinnerte ihn vieles an Gott, von seiner Taufe hat jemand ihm erzählt, an die Erstkommunion hatte er dunkle Erinnerungen, wenn an Festtagen „Grosser Gott" gesungen wurde, rührte sich bisweilen sein Gemüt. Gott aber fand er nicht.

Vor der Kirche war ein Spielzeugmacher dabei, seinen Karren einzuräumen, der umgefallen war. Unser junger Mann half ihm dabei. Beim Einräumen fiel ihm ein Clown in die Hände, der gefiel ihm sehr, er lächelte über ihn und legte ihn in den Wagen. Als sie fertig waren, gab der Spielzeugmacher unserem jungen Mann den Clown, weil er einfach Danke sagen wollte. Nach anfänglichem Wehren nahm er den Clown und freute sich.

Unser junger Mann kam an einer Bank vorbei, auf der eine alte Frau sass, die traurig war. Er setzte sich zu ihr und sie begann zu erzählen. Ihr Mann sei vor Kurzem gestorben, sie schaffe es allein nicht, er fehle ihr so sehr. Der junge Mann konnte ihr nicht helfen, aber es war jemand da, der hatte sich zu ihr gesetzt, ihr zugehört, sie an der Hand genommen.

Unser junger Mann begegnete einem Manager, der Erfolg hatte, der erklärte, wie man erfolgreich sein könne. Man müsse entsprechend taktieren, die Menschen entsprechend manipulieren, dann habe man Erfolg. Es war offensichtlich, dass er Erfolg hatte, glücklich aber war er nicht.

Unser junger Mann kam zu einem Kirchenfürsten. Es war überaus schwierig gewesen, vorzudringen, doch es war ihm gelungen. Der Kirchenfürst spürte so viel von der Substanz dieses Gottes, den der junge Mann suchte, konnte ihn in diesem Gespräch aber nicht mit der Nase darauf stossen. Er schickte ihn in die Einsamkeit.

Unser junger Mann kam in einen dichten Wald, alles war finster und schaurig, die Stacheln des Dickichts machten ihm zu schaffen. Plötzlich eine Lichtung, alles grünte, alles blühte, ein Kind kam daher. Sie spielten miteinander, es war ein wunderschöner Tag. Am Abend musste das Kind nach Hause. Unser junger Mann sah, wie das Kind den Clown begehrlich anblickte. Da wurde ihm klar, dass er den Clown hergeben müsse. Es fiel ihm schwer, er war ihm lieb geworden. Trotzdem hatte er begriffen, dass er ihn weiterschenken müsse. Das Kind freute sich unbändig, drückte den Clown an sich und lief fort. Gleich darauf kam das Kind zurück und hielt unserem jungen Mann ein Gänseblümchen hin. Da suchte er nicht mehr."

Burkhard Ellegast hat diese kleine Geschichte wohl nicht zufällig an den Schluss seines Buches gesetzt. Es wäre im Grunde alles so einfach…

13 Die Kirche

Wer anders als die Religionen, die Kirchen, steht an vorderster Front in der Pflicht, wenn es darum geht, die menschliche Mentalität zu beeinflussen? Sie müssen die moralischen Voraussetzungen schaffen, um Rey's Solidarität, Tolles Bewusstseinssprung, den Respekt vor dem Nächsten der Transaktionsanalyse oder wie die Schritte alle genannt werden, zur Verwirklichung zu verhelfen. Die „Software" wäre vorhanden (z.B. in der Bergpredigt, in der Transaktionsanalyse, den kirchlichen Organisationen usw.), die „Hardware" in Form von Kirchen, Moscheen, Tempeln und Synagogen ebenfalls. Und die Kirche, die Religion hat einen anderen Zugang zu den Menschen als alle andern Institutionen.

Die Kirchen als Wegbereiter, allerdings nicht auf dem Weg ins Jenseits, ins Paradies, zur ewigen Seligkeit, sondern auf dem Weg zu einem besseren Diesseits, zu einer Welt, in der es sich für alle ohne Angst und Not leben lässt. Wir sollten das Paradies nicht an einem Ort suchen, von dem wir gar nicht wissen, ob es ihn überhaupt gibt. Wir haben es schon, das Paradies; es wurde uns von Anfang an gegeben, nur haben das offenbar viele noch nicht gemerkt. Denn kann man sich etwas Schöneres vorstellen als unseren „blauen Planeten" mit all seinen Landschaften, Wäldern und Wiesen, Tieren und Pflanzen, Bergen und Seen, Gletschern (!) und Meeren? Und – vor allem andern – die Liebe unter Menschen? Wenn man in der Bibel die Geschichte vom verlorenen Paradies liest (Gen. 3), dann trifft diese auf beklemmende Weise auf das zu, was wir haben und was wir im Begriff sind, mutwillig zu zerstören. Der „Baum der Erkenntnis" entspräche in etwa der Wissenschaft und die „Dornen und Disteln" der Radioaktivität und der Luft- und Gewässerverschmutzung....

Doch wo liegen die Hindernisse, die sich der Kirche bei der Umsetzung dieser Ziele in den Weg stellen? Ich denke, es sind deren mehrere. Sie manifestieren sich in der steigenden Zahl der Austritte aus den christlichen Hauptkirchen. Diese sollten den Kirchenobern zu denken geben. Das liegt vermutlich zu einem grossen Teil an der Form der Kommunikation in der Kirche, einem Monolog, der nur in einer Richtung verläuft. Ab und zu darf zwar jemand einen Bibeltext vorlesen, den ihm der Pfarrer zugewiesen hat, und zwischendurch werden die Besucher dazu aufgefordert, gemeinsam ein „Vater unser" zu beten oder gewisse Lieder aus dem Kirchengesangbuch zu singen. Aber sonst ist es nicht üblich, dass sich diejenigen, die in den Bänken sitzen, am Geschehen beteiligen oder gar ihre Meinung äussern. Sie sind weniger die Gläubigen als die „Untergebenen", was sich an der Sitzordnung zeigt. Als ein enger Freund starb, mit dem mich nicht nur verwandtschaftliche Bande, sondern unter anderem viele gemeinsame Bergerlebnisse verbanden, hätte ich an der Abdankung gerne einige Worte gesagt. Aber der Pfarrer verweigerte mir das, denn es werde eine heilige Messe gelesen. Soweit haben Kirchen Ähnlichkeit mit Schulen, Vorlesungen, Fachausbildung in Theologie sozusagen. Im bereits zitierten Buch „Der grüne Heinrich" von Gottfried Keller heisst es einmal:

„Ein mächtiges Ostergeläute weckte und mahnte sie, Trost in der Gemeinschaft der vollen Kirche zu suchen. Schwarz und feierlich gekleidet ging sie

hin; es ward ihr wohl etwas leichter in der Mitte einer Menge Frauen glei-
chen Standes; allein, da der Prediger ausschliesslich das Wunder der Auf-
erstehung sowie der vorhergehenden Höllenfahrt dogmatisierend verhandelte,
ohne die mindesten Beziehungen zu einem erregten Menschenherzen, so ge-
noss die gute Frau vom ganzen Gottesdienste nichts...“

Es ist die Nähe zu andern Menschen, nicht die Predigt, welche die Frau tröstet. Auch die „Heilige Messe" an der Abdankungs-feier für meinen Freund drang nicht in mein Herz. Offenbar hat sich im kirchlichen „Gottesdienst" seit dem 19. Jahrhundert nicht viel verändert. Wohl gibt es Gottesdienste, in welchen tiefe, zeitgemässe Themen besprochen und wertvolle Gedan-ken vorgetragen werden. Und es gibt hervorragende Theologen, grossartige Menschen, deren Predigten aufwühlen und Leit-planken zu setzen vermögen, auch in Kirchenschiffen. Gewiss ist die weit überwiegende Mehrzahl der geistlichen Würdenträ-ger bestrebt, zum Wohle der Menschen zu wirken und hat die-sen auch in unzähligen Fällen geholfen. Ich denke allerdings, solches gelinge diesen besser in der Einzeltherapie als mittels kollektiver Frömmigkeit und liturgischer Zeremonien in der Kirche, weil sie dann auf die wirklichen, individuellen Probleme eingehen und nicht nur fromme Allgemeinheiten verbreiten können. Damit soll den liturgischen Feierlichkeiten keineswegs ihre Berechtigung abgesprochen werden. Sie haben durchaus ihren Platz im Rahmen der kirchlichen Feiern wie auch im All-tag als Momente der Besinnung und der Ruhefindung. Aber sie sind nicht das Wichtigste im Bereich der Religiosität.

Gott hat unsere Frömmigkeit nicht nötig, wohl aber das „er-regte Menschenherz" einen hilfreichen Zuspruch. Das ist echte

„Seelsorge", so wie sie beispielsweise zur Zeit an der Prediger-kirche in Zürich, einer evangelisch-reformierten Kirche mit ökumenischem Profil, betrieben wird. Hier ist zu gewissen Zeiten ein Seelsorger anwesend, und zwar abwechslungsweise ein katholischer und ein reformierter. Mit diesem kann ohne Anmeldung ein Gespräch geführt werden. Das ist Menschen- statt Gottesdienst und vermag dem Notleidenden wirklich zu helfen (Christus!).

In seinem Buch „Heute im Blick" schneidet Martin Werlen das Problem an seiner wundesten Stelle an, der Suizidfrage: *„In der Schweiz wollen sich Bund und Kantone mit einem Aktionsplan zur Suizidfrage engagieren. Und warum wurde die Kirche nicht einbezogen?"* Das ist typisch für die Haltung der Kirche. Ich frage: Warum hat sie, die Kirche, die „Seelsorgerin", das Problem nicht schon längst erkannt und ist vorangegangen, was sicher ihre zentrale Aufgabe gewesen wäre?! Nein, statt dessen liest man lieber Messen mit jahrhundertealten Texten, *„ohne die mindesten Beziehungen zu einem erregten Menschenherzen."* Allerdings schreibt derselbe Martin Werlen einige Seiten weiter hinten: *„Menschen in ihrer Nacht wollen nicht Belehrung von oben oder gar Verurteilung."*

Die von der Kirche geforderte Frömmigkeit der Gläubigen hat den fatalen Nebeneffekt, gleichzeitig die Selbstgerechtigkeit eben dieser Gläubigen zu fördern. Nicht-Kirchgänger werden als Menschen einer tieferen Kaste betrachtet und ausgegrenzt. Mit diesen verkehrt man besser nicht. Besonders ausgeprägt habe ich dies bei der neuapostolischen Kirche erfahren, der meine Eltern zeitweise angehörten und in die ich in meiner Jugend geschickt wurde. Deren Angehörige bezeichneten sich – zumindest damals – als „Gottes auserwähltes Volk", das als

Einziges die Auferstehung erleben werde. Ich störe mich auch an der Bezeichnung von Menschen als „Katholik", „Protestant", „Muslim" usw. Kein Mensch kann dermassen abschliessend aufgrund seiner Konfessionszugehörigkeit katalogisiert werden. Das ist der Anfang der Ausgrenzung.

Seit der Zeit von Gottfried Keller haben die Menschen vermehrt begonnen, der Religion ebenso kritisch gegenüber zu treten wie andern Bereichen des öffentlichen Lebens auch. Die Zeit, in welcher Religion die aussschliessliche Domäne der Theologen war, die die Menschen nur in wohlabgemessenen Dosen an ihrer Wissenschaft teilhaben liessen, ist vorbei. Die Beziehung zu Gott geht uns alle an, ob innerhalb oder ausserhalb der Kirche. Es geht schliesslich um unser Leben und um unsern Tod. Schon der heilige Benedikt soll gesagt haben, wir sollen *„mit offenen Augen und aufgeschreckten Ohren"* durch das Leben gehen (RB Vw 9). Das beinhaltet, das Gesehene und Gehörte zu verarbeiten, darüber nachzudenken, Fragen zu stellen und sich mit Zweifeln auseinanderzusetzen. Auf diese Weise gelangt man auch auf den hinteren Bänken zu einer eigenständigen Meinung. Dort stellt man sich die Frage, weshalb in den diversen Sonntagspredigten nie von den Bibelstellen die Rede ist, die wir in Kapitel 3 zitiert haben. Vermutlich trauen die Theologen ihren Gläubigen nicht zu, die Spreu vom Weizen unterscheiden zu können. Aber das untergräbt das Vertrauen in die Institutionen.

Die Aufforderung, die Bibel kritisch zu lesen und zu hinterfragen, stellt einen wesentlichen Teil der christlichen Religionslehre in Frage. Das heisst aber nicht, dass die Kirche heute keine

Aufgabe mehr hätte oder gar abgeschafft gehörte. „*Sie* (die Kirche) *hat …..eine äusserst wichtige Aufgabe. Sie muss die wahre Botschaft Christi, ihren Kern vermitteln und vorleben. Sie muss aus ihren goldenen Gehäusen hinaus und dorthin gehen, wo die wirkliche Armut ist, zu den Suizidgefährdeten, den Drogenabhängigen, den Prostituierten, den Arbeitslosen, den Kriminellen, in die Gosse. Sie muss sich mit Fragen wie der Wiederverheiratung Geschiedener, der gleichgeschlechtlichen Partnerschaft, der Geburtenkontrolle und vielem anderem ernsthaft auseinandersetzen*". (aus meinem Buch „Mit Bergschuh und Krawatte", 2012). Ich bin aber nicht der Erfinder dieser Aufforderung; sie besteht schon lange, und es wurden grossartige Werke in diesem Sinne verwirklicht. Ich denke dabei z.B. an das weltweite Jugendhilfswerk der Salesianer Don Boscos oder an die Hilfswerke des Zürcher Pfarrers Ernst Sieber. Werke dieser Art verdienen vorbehaltlose Unterstützung.

Mit der Verweigerung der Geburtenkontrolle geht die katholische Kirche einen zweifelhaften Weg. Ein Hauptproblem der Zukunft ist neben dem Egoismus das des Bevölkerungswachstums. In seiner Enzyklika vom Juni 2015 hat das auch der Papst erkannt, aber es fehlt an geeigneten Massnahmen zur Erreichung dieses Zieles. Die in den betroffenen Entwicklungsländen herrschende Haltung erklärte uns einmal ein 50-jähriger Kenianer in einem aufschlussreichen Gespräch. Er hat zwei Kinder, um die er sich allerdings nicht kümmert; das sei Aufgabe der Frau. Jetzt hat er eine neue, zwanzigjährige Partnerin in Kenia, die von ihm ein Kind wünscht. Er werde ihr jedoch zwei „machen", erklärte er stolz. Aber er bleibe in der Schweiz und die Frau in Kenia; auch diese Frau müsse selbst mit den Kindern zurecht kommen. Von Unterstützung keine Spur; das

Leben in der Schweiz sei teuer genug. Für den Unterhalt von Kindern sind offenbar die europäischen Hilfswerke zuständig. Wen wundert es da, dass in diesen Ländern Millionen von Kindern im Elend aufwachsen? Und was täten wir dann, Sie und ich, wenn wir uns in dieser Situation befänden? Die Lösung des Problems liegt sicher nicht in der Emigration und fängt auch nicht mit dem Bau von Kinderheimen an, sondern anderswo... Offenbar ist die Entwicklung da vor 20'000 Jahren stehen geblieben... Auch die Salesianer Don Boscos können hier nur hinter den Fakten hereilen; lösen können sie das Problem solange nicht, als den Erzeugern nicht das Verantwortungsbewusstsein für ihre Kinder beigebracht wird.

Die Kirche darf nicht so tun, als gäbe es diese Probleme gar nicht, darf nicht wegschauen von dem, was sie mit ihren Richtlinien anrichtet. Sich hinter komplizierten Enzyklika zu verschanzen, ist heuchlerisch. Wenn sie auf dem Verbot der Empfängnisverhütung beharrt, dann übernimmt sie damit die Verantwortung dafür, dass den erzeugten Kindern eine lebenswerte Zukunft gesichert wird. Die Wahl der Mittel spielt dabei sicher eine untergeordnete Rolle. Alles andere ist schlicht verantwortungslos. Dieses Problem lässt sich weder mit frommen noch mit lustigen Sprüchen aus der Welt schaffen.

Die Logik der katholischen Kirche ist in diesen Fragen schwer nachzuvollziehen. Einerseits hält sie sich generell streng an die Anweisungen der Bibel, nimmt diese aber in wichtigen Fragen nicht so genau, so beim Zölibat. Unter Anderem stützt sie sich hier auf die Aussage von Jesus in Matth. 19, 12:

„Manche sind von Geburt an zur Ehe unfähig, manche sind von den Menschen dazu gemacht und manche haben sich selbst dazu gemacht – um des Himmelreiches willen. Wer das erfassen kann, erfasse es."

Da lässt Jesus viel Spielraum für Interpretationen offen. Der Apostel Paulus hat das jedenfalls nicht so „erfasst" wie die katholische Kirche heute. Im ersten Brief an Timotheus (3,2) über den Bischof schreibt er nämlich folgendes: *„Deshalb soll der Bischof ein Mann ohne Tadel sein, nur einmal verheiratet…"*. Aufgrund meines Wissens liegt der Ursprung der Zölibatspflicht im Dunkeln und ist umstritten. Sie ist historisch erstmals im Jahr 310 n. Chr. (Konzil von Elvira, Spanien) nachweisbar vor dem Hintergrund der Christenverfolgung und zur Erneuerung der kirchlichen Disziplin. Offensichtlich wurde hier von der bisherigen Praxis abgewichen, weil sie den damaligen äusseren Umständen nicht mehr gerecht wurde. Scheinbar wusste man damals zu unterscheiden zwischen den wahren, unwandelbaren und übergeordneten Werten einerseits und den von Menschen, vor allem von alten „Kirchenvätern" geschaffenen Interpretationen, Vorschriften, Ritualen und Bräuchen andererseits. Offenbar ist diese für eine konstruktive Erneuerung und Anpassung an die allgemeine gesellschaftliche Entwicklung unentbehrliche Fähigkeit der katholischen Kirche im Laufe der Jahrhunderte weitgehend abhanden gekommen. Wenig Beachtung fand bisher das Dokument „Crimen sollicitationis", das vom Heiligen Stuhl 1922 herausgegeben und 1962 in einem 69-seitigen Dokument von Papst Johannes XXIII bestätigt wurde. Darin werden die Bischöfe aufgefordert, Fälle sexuellen Missbrauchs durch Priester vor, während oder nach der Beichte „mit grösster Geheimhaltung", aber auch mit „grösster Strenge" gemäss innerkirchlichem Recht zu verfolgen. Gleichzeitig wurden sie aber wie die am Verfahren beteiligten Priester zum Schutz des Beichtgeheimnisses zu „unverletzlichem Schweigen" über während des Verfahrens erlangte Erkenntnisse gegenüber der Öffentlichkeit verpflichtet. Damit stellte sich die katholische Kirche über den Rechtsstaat. Diese Vorschrift wurde erst Ende 2019 von Papst Franziskus aufgehoben.

Die Haltung der katholischen Kirche hat sich an der Bischofskonferenz vom Februar 2019 im Zusammenhang mit den Missbrauchsfällen der letzten Zeit erneut gezeigt. Die Würdenträger blieben unter sich und gaben damit klar zum Ausdruck, dass sie dies auch weiterhin bleiben werden. Ich bin davon überzeugt, dass sie das Missbrauchsproblem auf diese Weise nie werden lösen können. Das geht nicht ohne die Frauen. Wohl würde auch die Abschaffung des Zölibates keine hundertprozentige Gewähr dafür bieten, dass sich keine solchen Fälle mehr ereignen werden, aber jeder einzelne Fall, der damit vermieden werden könnte, ist mehr wert als der alte, abstruse, nur der eigenen Machterhaltung dienende Zopf des Zölibates.

Eine christliche Kirche hat dem Vorbild von Jesus und nicht den Vokabeln der Bibel oder irgendwelchen Dogmen zu folgen. Jesus hat niemanden ausgegrenzt, im Gegensatz etwa zum Apostel Paulus (1 Korinther 5,9), sondern er nahm sich ganz besonders der Randständigen an. Mit Liebe. Heute muss ich hören, dass Nicht-konformen mit dem Entzug der Ämter gedroht wird. Während der Entstehung dieser Abhandlung wurde im Kanton Uri ein katholischer Pfarrer seines Amtes enthoben, weil er ein lesbisches Paar gesegnet hatte. So eine Kirche brauchen wir nicht. Wo bleibt da das wirkliche Christentum? Wann werden die Entheber endlich enthoben? Jedenfalls haben die beiden, denen der Urner Pfarrer seinen Segen erteilte, auch denjenigen von dem, was ich unter Gott verstehe. Auf den Segen eines Bischofs, der vor lauter Buchstaben den Wald nicht mehr sieht, können sie ohne Schaden verzichten. Auch hier gilt, dass die sexuelle Ausrichtung eines Menschen kein Indiz auf seinen Charakter und seine Intelligenz ist, genau so wenig wie der Pass seines Heimatlandes, seine Hautfarbe oder seine Religion. Wenn die katholische Kirche gewisse Kriterien für die Aufnahme in ihr Kader und für die Teilnahme an ihren Riten festsetzt, so ist das ihr gutes Recht. Christlich ist es nicht.

Die Kirche hat sich lange Zeit gegen die Erkenntnisse der Wissenschaft gesträubt, wo diese ihren Dogmen und dem Wortlaut der Bibel widersprachen. Das bekam ihr bekanntlich nicht gut. Heute tut sie dasselbe gegenüber der sozialen Entwicklung. Aber alles ist ständig im Fluss, wie die alten Griechen schon sagten, „panta rhei", alles fliesst. Wenn man nicht mit der Zeit schreitet, geht es eben ruckweise, denn die Zeit ist immer stärker. Es will fast den Anschein erwecken, als ob sich die katholische Kirche wieder einmal einer solchen Phase nähern würde, ausser dem im März 2013 gewählten Papst Franziskus gelinge eine Wende. Einzelne seiner Aussagen, so in der bereits erwähnten Enzyklika vom Juni 2015 zur Frage des Umweltschutzes, liessen hoffen. Doch die praktische Umsetzung lässt auf sich warten. In wichtigen Fragen, z.B. in der Geburtenkontrolle, ist ein gegenläufiger Trend erkennbar. Dabei wäre das nicht nur für die Katholiken wichtig, sondern für die ganze zivilisierte

Welt, denn die Rolle der katholischen Kirche als Trägerin abendländischer Kultur kann nicht hoch genug eingeschätzt werden.

„Sodann muss sich die Kirche mit den Reichen und Mächtigen auseinandersetzen und diesen das Verantwortungsbewusstsein für ihre Mitmenschen und die Umwelt beibringen. Auf diese Weise soll dem wachsenden Unterschied zwischen Reich und Arm entgegengewirkt werden. Sie muss bessere Werte verkünden, andere als Börsenkurse und Quartalsgewinne, und diese unter die Menschen bringen. Man mag das als Einmischung in die Politik empfinden, die ich zwar grundsätzlich ablehne. Aber da muss man wahrscheinlich differenzieren und die Grenzen abzuschätzen wissen.

Das Verhältnis zur Politik ist ein grundsätzliches Dilemma jeder Kirche. Auf der einen Seite hat man sie in den letzten zweihundert Jahren rein rechtlich aus der Politik hinausbugsiert und damit weitere schlimme Auseinandersetzungen verhindert. Das heisst aber nicht, dass die Kirche zu Missständen schweigen soll; im Gegenteil. Sie hat die Fanfare der Gerechtigkeit zu blasen, laut. Lateinamerikanische Bischöfe haben in diesem Gebiet Beispielhaftes geleistet. Politik und Ethik lassen sich nicht trennen. Wenn die Kirche Menschenrechte predigt, begibt sie sich mitten in den Problemkreis Migration hinein und damit in die Politik. Irgendwo habe ich einmal gelesen: „Die Kirche ist das Gewissen des Staates." Auch Christus hat politisiert, und wie!

Der Staat ist für die materielle Bekämpfung der Armut zuständig, die Kirche für die psychologische, seelische. Die Menschen sind ja so sehr auf der Suche nach einem Halt und nach Werten, die diese Bezeichnung verdienen. Ich glaube, es ist Aufgabe der Kirche, den Menschen diesen Halt zu geben und Werte zu vermitteln, und zwar nicht den Halt an ihr, der

Kirche, sondern den Halt eines jeden an sich und in sich selbst. Wahrscheinlich wäre es schön und nützlich, wenn die Kirchen und der Staat enger zusammenarbeiten würden statt einander zu konkurrenzieren. Der Mensch besteht ja aus Körper und Geist und braucht daher beides, Materielles und Geistiges, und da keine der beiden Institutionen in der Lage ist, beides zu bieten, sollten sie sich gegenseitig unterstützen". (ebenfalls Zitat aus meinem erwähnten Buch).

Vielleicht ist es etwas unfair, der Kirche all das zuzumuten. Aber nimmt sie nicht für sich selbst in Anspruch, den Weg des Heils zu wissen und zu weisen? Und die päpstliche Unfehlbarkeit für sich in Anspruch zu nehmen (1. Vatikanum 1870 und bis heute nicht widerrufen!)? Auch Religionen werden von Menschen geleitet, Menschen, die Fehler machen und die von denselben egoistischen Trieben gesteuert werden wie wir alle. Religionen sind bisher zu sehr auf die Erweiterung ihres Machtbereichs, auf die Durchsetztung ihres Gedankengutes gegen andere als ihre eigene Glaubensrichtungen fokussiert, als dass sie einen ernsthaften Beitrag an die Lösung der globalen Probleme leisten könnten. Es ist schwer zu erklären und zu verstehen, aber gerade diese ihre Bemühungen hindern sie am Erreichen ihres eigentlichen Zieles. Solange eine Religion für sich eine Vormachtstellung in Anspruch nimmt und behauptet, der Weg des Heils führe über sie und nur über sie, wird sie nur sich selbst helfen, niemals aber der in Schwierigkeiten steckenden Welt.

In einer Kapelle im Stift Melk an der Donau hängt eine Skulptur des Gekreuzigten. Seine rechte Hand ist nicht am Kreuz angenagelt, sondern er reicht sie nach vorne unten. Besser liesse sich der Sinn von Religion, die Aufgabe der Kirche wohl kaum ausdrücken.

14 Schlussbetrachtungen

Die meisten Religionen sind an sich weder gut noch böse. Sie ähneln in dieser Hinsicht dem Computer. Wie bei diesem kommt es auf die Handhabung, den Umgang an. Sie waren beides, gut und böse, sind beides und werden beides bleiben, wenn sich nichts Grundlegendes ändert. Selbstverständlich wird sich nie alles zum Guten wenden lassen, auch den Kirchen wird dies nicht gelingen. Aber es besteht noch Raum für Verbesserung.

Es geht viel Gutes von manchen Religionen aus. Mit ihrer sozialen Tätigkeit und ihren Hilfswerken lindern sie viel menschliche Not. Viele religiöse Traditionen sind etwas Schönes. Sie leisten einen Beitrag zur sinnvollen Lebensgestaltung, weil sie Struktur in den Alltag bringen. Ich denke dabei an die christlichen Feiertage wie Weihnachten und Ostern. Man darf sich an Ostern freuen, auch wenn man nicht an die Auferstehung Christi glaubt. Albert Einstein benannte sich einen „tief religiösen Ungläubigen".

Die Religionen haben verstanden, dass es einer der Urtriebe des Menschen ist, etwas Höheres bewundern, anhimmeln zu können. Dazu gehören Monarchien, Sportidole und Showstars, die vom volkswirtschaftlichen Gesichtspunkt her gesehen die nutzlosesten und gleichzeitig höchstbezahlten Tätigkeiten ausüben. Aber auch Heilige, Engel und Kirchen gehören dazu, die gewaltigen Architekturdenkmäler und die grossartigen Kunstwerke, die im Zusammenhang mit der Religion geschaffen wurden. Sie haben Menschen zu kulturellen Höchstleistungen angespornt.

Das trifft nicht nur auf die christliche Religion zu. Diese Aspekte dürfen nie ausser Acht gelassen werden.

Aber heute sollten sich die Religionen auf die wirklichen Probleme der Welt konzentrieren, auf die Gewalt, den Hunger, das Elend, den Hass, Neid und Gier, und ihre ganzen Kräfte daraufhin vereinigen. Ich stelle mir eine Art religiöser UNO vor, eine Vereinigung aller Religionen der Welt. Ihnen steht ein gewaltiges Kapital zur Verfügung, nämlich der Glaube ihrer Gläubigen. Sie sollten es nutzen, bevor sie es verspielt haben. Das würde allerdings bedeuten, Formalismen weit hinten anzustellen. Keine Alleingänge, mehr Zusammenarbeit vor allem auch mit nicht-kirchlichennn Organsationen, dem Staat usw. Wäre es nicht denkbar, dass es einer solchen vereinten Macht des guten Willens, der Menschlichkeit und der Nächstenliebe, einer allgemein anerkannten moralischen Instanz gelingen könnte, eine Wende der gegenwärtigen, unheilvollen Entwicklung einzuleiten?

Illusion? Wem denn sonst?

Der Theologe Hans Küng hat das Problem schon vor Jahren erkannt und versucht, die wichtigsten Vertreter an einen Tisch zu bringen. Er schuf dafür den Begriff „Weltethos". In seinem Buch „Was ich glaube" drückt er die Hoffnung auf *„eine versöhnte Christenheit, einen Frieden der Religionen und eine echte Gemeinschaft der Nationen"* aus. Das ist immer noch das Ziel, das es zu erreichen gilt. Dabei wird in christlichen Kreisen oft vergessen, wieviele Menschen auf dieser Welt andern oder keinen Religionen angehören. Ganze 31.4%, das heisst weniger als ein Drittel sind Christen! Nein, es betrifft nicht nur Christen (obwohl schon das schwierig genug zu sein scheint), sondern alle Menschen, alle Religionen, alle Rassen, einen „*Frieden der Religionen*", wie Küng schreibt. Das würde keineswegs eine einheitliche Weltreligion erfordern. Die Religionen müssten sich nur auf eine Anzahl Grundsätze einigen und festlegen wie die Menschenrechte, darunter besonders die absolute Gleichberechtigung, das Recht auf Religionsfreiheit, Verzicht auf die Alleinseligmachung, Respekt vor dem Individuum, Verurteilung von Gewalt in jeder Form usw. Ganz oben setzt so etwas den Respekt der Religionen untereinander und sehr viel guten Willen voraus. Das schliesst den Bekehrungswahn und die Sturheit, die in manchen Religionen vorherrschen, aus.

Es gibt heute verschiedene Organisationen und Institutionen, die in dieser Richtung arbeiten. Das „Haus der Religionen" in Bern könnte z.B. ein Anfang, eine Plattform dazu sein oder das Forum für Weltreligionen (FWR), der Rat der Religionen oder der Ökumenische Rat der Kirchen (ÖRK). An Ansätzen mangelt es offenbar nicht. Seit 1950 findet jährlich am jeweils dritten Sonntag im Januar ein Weltreligionstag statt. Am 21. August 2019 führte die Vereinigung „Religions for Peace" in Lindau D ihre zehnte Tagung durch. Dem die Tagung eröffnenden Referat des deutschen Bundespräsidenten Frank W. Steinmeier ist das Einleitungszitat zu diesem Werk entnommen. Der Anlass wurde von den Medien kaum zur Kenntnis genommen.

Um allerdings die oben genannten Ziele zu erreichen, wäre eine mit Kompetenzen ausgestattete, zentrale Organisation auf höchster Ebene erforderlich, in der alle wichtigen Religionen vertreten sind und die über die erforderliche mediale Präsenz verfügt.

Der Apostel Paulus hat gesagt, es gebe nichts Grösseres als Glaube, Liebe und Hoffnung (1. Korinther, 13). Ich denke, da fehlt noch etwas: Das Vertrauen. Vertrauen ist einer der höchsten Werte in einer zwischenmenschlichen Beziehung, vielleicht der höchste. Viele der die Welt plagenden Probleme könnten gelöst werden, wenn zwischen den Menschen – neben dem Respekt - mehr Vertrauen bestünde. Vertrauen unter den Religionen? Unter den Nationen? Ist das möglich? Ich denke, das ist eine Voraussetzung für eine erspriessliche Zusammenarbeit und Frieden. Ohne Vertrauen wird kein Friede Bestand haben. Das gilt auch im religiösen Bereich. Aber vielleicht könnten die Religionen vorangehen, ein Beispiel geben und damit einen Beitrag leisten, einmal Kriege zu verhindern oder zu beenden statt wie bisher zu verursachen und zu schüren, auch wenn dieser Weg ein langer sein wird. Und würden damit zu einem Segen für die Menschheit. Das hat nichts mit Weltverbesserung zu tun, sondern ist lediglich ein Be- und Fortschreiten in der in Kapitel 8 angedeuteten, durch weltliche Organisationen (Rotes Kreuz, UNO, Internationaler Gerichtshof etc.) bereits eingeschlagenen Richtung.

Literaturverzeichnis

Es handelt sich nicht um eine umfassende Auflistung aller Bücher zum Thema, sondern um eine Auswahl von Werken, die der Autor im Zusammenhang mit diesem Buch konsultierte.

Arnold Benz und Samuel Vollenweider, „Würfelt Gott?"
Patmos Verlag GmbH & Co. KG, Düsseldorf, 2. Auflage 2004

Alain de Botton, „Religion für Atheisten"
S. Fischer Verlag GmbH, Frankfurt am Main 2013

Richard Dawkins, „Der Gotteswahn"
Ullstein Buchverlage GmbH, Berlin 2007

Burkhard Ellegast, „Der Weg des Raben"
Ecowin Verlag, Salzburg 2010

Anselm Grün, „Womit habe ich das verdient?"
Vier-Türme GmbH Verlag, Münchenschwarzach 2005

Yuval Noah Harari, „Eine kurze Geschichte der Menschheit"
Deutsche Verlags-Anstalt, München 2013

Uwe Hillebrand, „Warum glaubst du noch – Lehren der christlichen Kirchen unter dem Gesichtspunkt der Logik"
Tectum Verlag, Marburg 2015

Heinz-Werner Kubitza, „Der Jesuswahn – wie die Christen sich ihren Gott erschufen"
Tectum Verlag, Marburg, 2015

Hans Küng, „Was ich glaube"
Piper Verlag GmbH, München 2009

Manfred Lütz, „Der Skandal der Skandale"
Verlag Herder, Freiburg im Breisgau (nicht dat.)

Elham Manea, „Ich will nicht mehr schweigen"
Verlag Herder, Freiburg im Breisgau 2009

Walter Nigg, „Die Hoffnung der Heiligen"
Verlag Herder, Freiburg im Breisgau 2004

Romeo Rey, „Solidarity – Entwürfe zu einer neuen Gesellschaft"
VSA-Verlag,Hamburg 2012

Rainer Schepper, „Das ist Christentum"
Angelika Lenz Verlag, Neu-Isenburg 1999

Max Thürkauf, „Unruhig ist unser Herz"
Christiana Verlag, Stein am Rhein 1990

Eckhart Tolle, „Eine neue Erde"
Verlagsgruppe Random House GmbH 2005, München

Martin Werlen, „Heute im Blick"
Verlag Herder 2015, Freiburg im Breisgau

Die Bibelzitate sind der Einheitsübersetzung, herausgegeben im Auftrag der Bischöfe Deutschlands, Österreichs und der Schweiz etc., für die Psalmen und das Neue Testament auch im Auftrag des Rates der Evangelischen Kirche in Deutschland etc., Herder 2008, entnommen.

Weitere Hinweise und Informationen entstammen dem Tages-Anzeiger, dem Tages-Anzeiger Magazin und der Neuen Zürcher Zeitung

Zeitfracht Medien GmbH
Ferdinand-Jühlke-Straße 7
99095 Erfurt, Deutschland
produktsicherheit@kolibri360.de